प्रतिनिधि कविताएँ

गोपाल सिंह 'नेपाली'

सम्पादक

सतीश कुमार राय

राजकमल पेपरबैक्स

राजकमल पेपरबैक्स में
पहला संस्करण : 2009
पाँचवाँ संस्करण : 2021

राजकमल पेपरबैक्स : उत्कृष्ट साहित्य के जनसुलभ संस्करण

राजकमल प्रकाशन प्रा. लि.
1-बी, नेताजी सुभाष मार्ग, दरियागंज
नई दिल्ली-110 002
द्वारा प्रकाशित

शाखाएँ : अशोक राजपथ, साइंस कॉलेज के सामने, पटना-800 006
पहली मंजिल, दरबारी बिल्डिंग, महात्मा गांधी मार्ग, प्रयागराज-211 001
36-ए, शेक्सपियर सरणी, कोलकाता-700 017

वेबसाइट : www.rajkamalprakashan.com
ई-मेल : info@rajkamalprakashan.com

बी.के. ऑफसेट
नवीन शाहदरा, दिल्ली-110 032
द्वारा मुद्रित

मूल्य : ₹99

PRATINIDHI KAVITAYEN
Representative Poems of Gopal Singh 'Nepali'
Edited by Satish Kumar Roy

ISBN : 978-81-267-1774-3

गोपाल सिंह 'नेपाली'

जन्म : 11 अगस्त, 1911 को बेतिया (बिहार) में जन्म।

प्रवेशिका तक शिक्षा। सम्पादन-सहयोगी : सुधा (1933); सहायक सम्पादक : चित्रपट (1934 ई.) दिल्ली; सम्पादक : रतलाम टाइम्स, पुण्यभूमि (1935-1937), मध्यभारत; संयुक्त सम्पादक : योगी (1937-1939), पटना। व्यवस्थापक : बेतिया राज प्रेस (1940-1944), फिल्मी गीतकार, निर्माता, निर्देशक (1944-1956), स्वतन्त्र लेखन एवम् यायावरी (1956-1963)।

प्रकाशन : उमंग (1934); पंछी (1934); रागिनी (1935); नीलिमा (1939); पंचमी (1942); नवीन (1944); हिमालय ने पुकारा (1963); असंकलित रचनाएँ (2007)।

17 अप्रैल, 1963 को भागलपुर में हृदय गति रुक जाने के कारण निधन।

भूमिका

गोपाल सिंह 'नेपाली' उत्तर छायावाद के प्रतिनिधि कवियों में कई कारणों से विशिष्ट हैं। उनमें प्रकृति के प्रति सहज और स्वाभाविक अनुराग है, देश के प्रति सच्ची श्रद्धा है, मनुष्य के प्रति सच्चा प्रेम है और सौन्दर्य के प्रति सहज आकर्षण है। उनकी काव्य-संवेदना के मूल में प्रेम और प्रकृति है। अपने प्रथम काव्य-संग्रह 'उमंग' की एक कविता 'नौका विहार' में उन्होंने स्वीकार भी किया है—

> "जीवन में क्षण-क्षण कोलाहल, ज्यों सुख त्यों दुख, सुख-दुख समान
> आती सन्ध्या जाता विहान, जाती सन्ध्या आता विहान,
> इसलिए जगत् में दो ही तो कुछ शान्ति कभी देने वाले,
> है एक प्रकृति की मृदुल गोद, दूसरा प्रेम का मधुर गान।"

'नेपाली' प्रकृति के सम्पूर्ण कवि हैं। प्रकृति उनके काव्य की प्रेरणा-भूमि भी है। 'उमंग' की भूमिका लिखते हुए कविवर 'पन्त' ने सच ही कहा था—"आपका कविकंठ 'निर्मल निर्झर के समान' अवश्य ही मंसूरी की तलहटी में फूटा होगा। इसलिए आपकी रचनाओं में जो उन्मुक्त वातावरण एवं स्निग्ध अनिलाताप मिलता है वह पाठक के हृदय की खिड़की खोलकर, 'नरम दूब' बिछी राहों से 'विलास की मंसूरी' से 'जंगल की मंसूरी' में ले जाकर, प्रकृति की मनोरम क्रीड़ा-भूमि में छोड़ देता है, जहाँ जंगल की हरियाली अंचल पसार कर उसका स्वागत करती है।" 'नेपाली' सैनिक के पुत्र थे और प्रकृति के साहचर्य ने ही उन्हें सिपाही की जगह कवि बना दिया। स्वयं 'नेपाली' के ही शब्द हैं—"यह हरी-हरी दूब की ही महिमा है कि आज मेरे हाथ में बन्दूक की जगह लेखनी है।" उनके प्रकृति चित्रण से उनका जीवन्त सौन्दर्यबोध ही मुखर नहीं होता, उनकी राष्ट्रीय भावना भी परिलक्षित होती है—

धवल हिमांचल
निर्झर चंचल
गंगा का जल
यमुना का जल
गौरी शंकर
खड़ा धरा पर
अपने सिर पर
विश्व-मुकुट पर
है चँवर डुलाती मेघ-माल
भारत अखंड, भारत विशाल।

'नेपाली' के प्रकृति-चित्रण का अवलोकन करने पर यह स्पष्ट हो जाता है कि वे प्रकृति के समग्र कवि हैं, सम्पूर्ण प्रकृति के कवि हैं। उनकी समस्त कविताओं का लगभग अर्द्धांश प्रकृति को ही समर्पित है। इतना ही नहीं, अपने पहले संग्रह से लेकर अन्तिम कृति तक उन्होंने प्रकृति का चित्रण किया है। यह प्रमाण है कि प्रकृति के प्रति नेपाली का प्रेम किसी कालावधि या प्रवृत्ति के आग्रह के कारण नहीं है। वे नैसर्गिक रूप से प्रकृति के कवि हैं। उनकी कविताओं में प्रकृति का प्रेम है और प्रेम की प्रकृति है। इस अर्थ में वे आधुनिक हिन्दी कविता में न केवल प्रकृति के प्रतिनिधि कवि हैं बल्कि उसके अकेले सम्पूर्ण कवि भी हैं।

प्रेम 'नेपाली' के काव्य का दूसरा प्रतिपाद्य है। प्रेम उनके लिए हृदय का भावुक उद्‌गार मात्र नहीं है। वह एक परिपक्व जीवन-दृष्टि है। 'नेपाली' के काव्य में प्रेम का, जीवनी शक्ति के रूप में चित्रण हुआ है। प्रेम प्रारम्भ से ही कवि को शक्ति देता रहा है, उसकी अनुभूति को तीव्रता और दृष्टि को व्यापकता देता रहा है। इसलिए जहाँ प्रेम की पूजा होती है, समर्पण को सम्मान दिया जाता है, वह स्थल कवि को तीर्थ-सा प्रतीत होता है। वह मथुरा-काशी की जगह उस तीर्थ की यात्रा कर अपने जीवन को धन्य करना चाहता है—

चाहे करूँ पुण्य जनम भर, मिले न यश जग में अक्षय,
चाहे कर पाऊँ न यहाँ मैं, सोने-चाँदी का संचय।
किन्तु, जहाँ भगवान प्रेम की होती है पूजा सविनय,
करूँ तीर्थ-यात्रा उस जग की, यह मेरे तन का निश्चय।

ऐसा नहीं है कि 'नेपाली' के प्रेम में रूप का आकर्षण नहीं है। उनकी रचनाओं में रूप का आकर्षण भी है और मन की विह्वलता भी, समर्पण की भावना भी है और मिलन की कामना भी, प्रतीक्षा की पीड़ा भी है और स्मृतियों का दर्द भी। प्रेयसी का यह रूप द्रष्टव्य है, जो अपनी दीप्ति, अपनी कान्ति से मन को मोह लेता है। लावण्य-सागर की ज्योति लहर में कल्पना का आकाश डूबने लगता है–

"सुमुखि तुम्हारे रूप दीप में भरा हुआ इतना प्रकाश था
जिसकी, ज्योति लहर में मेरा डूब रहा कल्पनाकाश था।"

सच्चा प्रेम बाँधता नहीं, मुक्ति देता है। उसके मौन में भी एक गहरी अभिव्यंजना होती है। 'नेपाली' के ही शब्दों में–

"प्रेम की यह कामना, पत्थर तनिक तो बोल दे।
शैल बन, पाषाण बन, पर आज बन्धन खोल दे।
प्रेम की यह भूमिका, वाचालता की मौन है।
कौन है बहरा यहाँ, गूँगा यहाँ पर कौन है।"

'नेपाली' की राष्ट्रीय चेतना भी अत्यन्त प्रखर है। वे देश को दासता से मुक्त कराने के लिए रचनात्मक पहल करने वाले कवि ही नहीं हैं, राष्ट्र के संकट की घड़ी में 'वन मैन आर्मी' की तरह पूरे देश को सजग करने वाले और दुश्मनों को चुनौती देने वाले कवि भी हैं। 'हिमालय ने पुकारा' संग्रह की एक कविता में उन्होंने कहा है–

"हुआ देश खातिर जनम है हमारा
कि कवि हैं, तड़पना करम है हमारा
कि कमजोर पाकर मिटा दे न कोई
इसी से जगाना धरम है हमारा।"

'नेपाली' एक शोषणमुक्त समतामूलक समाज की स्थापना के पक्षधर कवि हैं–

"अशान्ति है कि क्रान्ति की नवीन आग चाहिए
स्वराज के विधान में नवीन राग चाहिए
कि अर्थ का, जमीन का समान भाग चाहिए
समाज पर कभी रहे न व्यक्ति की प्रधानता
मनुष्य माँगता यही, यही मनुष्य मानता
कि हो समाज राज में मनुष्य की समानता।"

वे आश्वस्त हैं कि समतामूलक समाज का निर्माण होगा। मनुष्य रूढ़ियों से मुक्त होकर विकास पथ पर अग्रसर होगा। प्रेम और बन्धुत्व विकसित होंगे और मनुष्य सामूहिक विकास की दिशा में अग्रसर होगा–

"सामाजिक पापों के सिर पर चढ़कर बोलेगा अब खतरा
बोलेगा पतितों-दलितों के गरम लहू का कतरा-कतरा
होंगे भस्म अग्नि में जलकर धरम-करम और पोथी-पत्रा
और पुतेगा व्यक्तिवाद के चिकने चेहरे पर अलकतरा
सड़ी-गली प्राचीन रुढ़ि के भवन गिरेंगे, दुर्ग ढहेंगे
युग-प्रवाह पर कटे वृक्ष से दुनिया भर के ढोंग बहेंगे
पतित-दलित मस्तक ऊँचाकर संघर्षों की कथा कहेंगे
और मनुज के लिए मनुज के द्वार खुले के खुले रहेंगे।"

'नेपाली' मूलतः गीतकार हैं। गीतों में वैयक्तिकता होती है, अनुभूति की तीव्रता होती है। 'नेपाली' के गीतों में भी वैयक्तिकता और अनुभूति की तीव्रता है। किन्तु वे वेदना में लीन रहने वाले कवि ही नहीं हैं, उन्होंने अपने देशकाल से निरन्तर संवाद किया है। 'भूदान' पर अपनी प्रतिक्रिया व्यक्त करते हुए उन्होंने कहा–

"किसने तुझसे कहा कि भिक्षा माँग करोड़ों के लिए
किसने कहा कि भीख है मलहम जग के फोड़ों के लिए
राष्ट्र पले कब तक चन्दों से
लाज बचे क्या पैबन्दों से
मिटे न दुखड़ा इन धन्धों से
नया वसन्त बुला ला फिर तू, सौरभ-सुमन सुमन से माँग
मुसाफिरों से क्या माँगे, धरती से माँग, गगन से माँग।"

राष्ट्रभाषा के मुद्दे पर 'नेपाली' की दृष्टि कितनी साफ है–

"तन असंख्य, एक हृदय
एक शान्ति, एक प्रलय
सिद्धि है समान यहाँ
एक हार एक विजय
मेल में समृद्धि और फूट में निराशा
एक देश, एक राष्ट्र, एक राष्ट्रभाषा।"

इतना ही नहीं, वे हिन्दी-भाषा को भारत की आम जनता की भाषा मानते हुए उन लोगों को फटकार भी सुनाते हैं, जो राजनीतिक कारणों या स्वार्थ-सिद्धि के लिए हिन्दी के विरोधी रहे हैं। साथ ही, हिन्दी को स्वतः स्फूर्त और विकसित भाषा मानते हुए वे सत्ताधीशों पर प्रहार भी करते हैं–

"प्रतिभा हो तो कुछ सृष्टि करो
सदियों से बनी बिगाड़ो मत
कवि सूर, बिहारी, तुलसी का
यह विरुवा नरम उखाड़ो मत
भंडार भरो, जनमत की हर
हल-चल पुस्तक में छपने दो
हिन्दी है भारत की बोली
तो अपने आप पनपने दो।"

'नेपाली' लोक-संवेदना के कवि हैं। उनकी कविताओं में लोक-जीवन का गहरा साक्षात्कार मिलता है। वे उमंग के कवि हैं। उनकी उमंग समाज को गतिशील और कर्मठ बनाने वाली शक्ति का उल्लास है। वे नवीन के कवि भी हैं, पुरातन के अतिरिक्त व्यामोह से समाज को बचाते हुए नवीन मूल्यों के प्रति उसे उन्मुख करना 'नेपाली' के कवि-कर्म की उपलब्धि है। इसीलिए वे निर्द्वन्द्व भाव से यह कहने में सक्षम रहे हैं–

"हर क्रान्ति कलम से शुरू हुई सम्पूर्ण हुई
चट्टान जुल्म की, कलम चली तो चूर्ण हुई
हम कलम चला कर त्रास बदलने वाले हैं
हम तो कवि हैं, इतिहास बदलने वाले हैं

जब-जब जनता पर दुख की बदली छाई है
तब-तब हमने विप्लव विजयी चमकाई है
मानवता का परिहास बदलने वाले हैं
हम तो कवि हैं, इतिहास बदलने वाले हैं

पहले हमने गुण राम-श्याम का गाया था
विरही मन का बादल को दूत बनाया था

अब कुटियों का चौमास बदलने वाले हैं
हम तो कवि हैं, इतिहास बदलने वाले हैं।''

'नेपाली' मुख्यतः कवि हैं किन्तु उन्होंने गद्य की विधाओं में भी कुछ लिखा है। यात्रा वृत्तान्त, शिकार-कथा, कहानी आदि विधाओं में उन्होंने हाथ साफ करने की चेष्टा की है, किन्तु उनका कवि रूप इतना प्रखर है कि गद्यकार के रूप में उन्हें मान्यता ही नहीं मिली है। एक पत्रकार के रूप में लिखी उनकी टिप्पणियाँ अवश्य अपनी वैचारिकता और प्रवाहपूर्ण भाषा के कारण आकृष्ट करती हैं। लेकिन 'नेपाली' कवि के रूप में ही जनमानस में बसे हुए हैं। 'पंछी' के साथ उनके छह प्रकाशित काव्य संग्रह आज अनुपलब्ध हैं। वे समस्त प्रकाशन संस्थाएँ बन्द हो चुकी हैं जिन्होंने 'नेपाली' के संग्रहों को छापा था। कवि-सम्मेलनों के माध्यम से 'नेपाली' जनता के बीच में उपस्थित और लोकप्रिय होते रहे हैं। इसीलिए आज उनकी असंख्य काव्य-पंक्तियाँ लोक-कंठ में सुरक्षित हैं। पाठकों के बीच उनके संग्रहों की माँग बनी हुई है। प्रतिनिधि कविताओं का एक संकलन इसी दिशा में एक प्रयास है।

'पंछी' प्रेम की विभिन्न भंगिमाओं को अभिव्यक्त करने वाला प्रबन्धनुमा काव्य है, 'उमंग' में 62, 'रागिनी' में 31, 'नीलिमा' में 33, 'पंचमी' में 47, 'नवीन' में 31 और 'हिमालय ने पुकारा' में 38 कविताएँ संगृहीत हैं। हिन्दी के अतिरिक्त नेपाली भाषा में भी 'नेपाली' ने कुछ कविताएँ लिखी हैं। इतना ही नहीं, उन्होंने 40 फिल्मों में लगभग 300 गीत भी लिखे हैं। संग्रहों के अतिरिक्त 'नेपाली' की 40 से अधिक प्रकाशित असंकलित कविताएँ भी हैं। प्रस्तुत संग्रह में 'नेपाली' की प्रकाशित काव्य-कृतियों से प्रतिनिधि रचनाएँ ली गई हैं। उनके फिल्मी गीतों और नेपाली कविताओं को इसमें सम्मिलित नहीं किया गया है। संकलित रचनाओं के नीचे यथासम्भव प्रकाशन वर्ष दे दिया गया है। इस संग्रह में यह चेष्टा की गई है कि प्रेम, सौन्दर्य, प्रकृति और राष्ट्रपरक कविताओं के साथ समसामयिक विषयों पर लिखी गई रचनाएँ भी पाठकों को उपलब्ध हों। चयन में यदि किसी प्रकार की त्रुटि है तो इसके लिए संकलनकर्त्ता जवाबदेह है और वह सहृदय पाठकों से क्षमाप्रार्थी है।

21-10-2007

–सतीश कुमार राय

अनुक्रम

उमंग

ऐसी मेरे मन की उमंग
रहती न, कहाँ किसके न संग
मेरे मानस का मुकुल मूल
था डाली पर रे रहा झूल
वन की सुषमा पर रीझ, भूल
खिल उठा तुरत, हो गया फूल
ये पीले, नीले, लाल रंग
जैसी मेरे मन की उमंग

उड़तीं पतंग पाँखें पसार
ऊपर, बयार में बार-बार
पर बिना पवन, कुछ भी न पार
बस उसी तरह रे आर-पार
उड़ सके गगन में जो पतंग
वैसी मेरे मन की उमंग

आती है जब मन में उमंग
लाती सपना छन में उमंग
तन में उमंग, धन में उमंग
यौवन में, जीवन में उमंग
करती है पुलकित अंग-अंग
कैसी मेरे मन की उमंग

उसका न तनिक तुममें अभाव
पर, आलस ही जिनका स्वभाव
जिन पर विराग का चिर प्रभाव
कर देती उनका ध्यान भंग
ऐसी मेरे मन की उमंग।

गीत

सोई उमंग, उठ जाग, जाग
जीवन में क्यों इतना विराग
आ मधुप, मुकुल-मन खोल, खोल
द्रुम में पक दाड़िम गोल-गोल
तरु के नव-पल्लव डोल, डोल
वन-वन में पंछी बोल, बोल
रे कब से उजड़ा पड़ा बाग
कोई उमंग, उठ जाग, जाग
नीरस विराग का काट फन्द
रे खोल हृदय का द्वार बन्द
उकसा-उकसा कर मधुर छन्द
बैठा खिड़की में मन्द-मन्द
फिर एक बार गाऊँ विहाग
खोई उमंग, उठ जाग, जाग।

चिह्न

उठा सामने से जब पर्दा बचपन की नादानी का
लगा समझने मूल्य अधिक अब इन आँखों के पानी का
शौक हट गया जब गुड़ियों का, गुड्डी और कहानी का
लगा समझने जब सपना-ही-सपना राजा-रानी का

जब बचपन की हँसी-खुशी में यौवन की मस्ती छाई
तब हमने समझा, अब आई दीवानी तरुणाई
कड़ी हुई जब नरम हड्डियाँ, उनमें जोश हुआ जारी
लगा खूब जोरों से करने खून हमारा रफ्तारी
उठीं झनझना जब बिजली-सी मरी हुई नाड़ी सारी
हुई शुरू जब अंग-अंग में पागलपन की बीमारी
याद किसी की कर जब लेने लगा अकेले अँगड़ाई
तब हमने समझा, अब आई वह दीवानी तरुणाई
दिल में नयी उमंगों के जब लगातार तूफान चले
बस, अम्बर को छूने ही जब नये विचार-विमान चले
दुनिया में ऐश्वर्य खोजने उड़-उड़कर अरमान चले
साथ-साथ जब आस दिलाते आशा के वरदान चले
प्रथम-प्रथम जब इस जीवन में भोली आँखें शरमाईं
तब हमने समझा, अब आई वह दिवानी तरुणाई
देख चुके भोली-भाली-सी जब वह दुनिया बचपन की
देख चुके अब उषा सुनहली इस संसारी जीवन की
देख चुके बचपन की वेदी पर पूजा अपने तन की
देख चुके अधखिली कली जब इस मदमाते यौवन की
तारे छिते, उषा भी लौटी, आँगन में किरणें आईं
तब हमने समझा, अब आई वह दीवानी तरुणाई।

परिचय

तुम कब समझोगे मेरे मन
मैं तो पूजा का एक सुमन
यह सुख-दुखवाला सारा जग
करके किरनों से नित जगमग
खोजते तुम्हें पग-पग मन-मन
जो छान डालती जग लगभग

मैं उसी ज्योति की एक किरन
तुम कब समझोगे मेरे मन

जो देख-देखकर नभ के नग
रहता रातों-भर सदा सजग
ले सिर पर एक तुम्हारा पग
हो जाता नभ-सा ही जगमग
उस पथ का मैं छोटा रज-कन
तुम कब समझोगे मेरे मन

सागर से सघन मेघ उठकर
रिमझिम-रिमझिम बरसे भू पर
जो मिले सिन्धु में जल जाकर
फिर बने मेघ, बरसे घर-घर
मैं वैसा ही तो वारिद घन
तुम कब समझोगे मेरे मन

पूजन के पहले ही मन-मन
कर दे अपना सब-कुछ अर्पण
फिर मिले दान के लिए न धन
सब रहे बन्द पूजन, अर्चन
जग का ऐसा ही मैं निर्धन
तुम कब समझोगे मेरे मन

जिसकी नदियाँ गिरि से बह-बह
इस जीवन के सुख-दुख सह-सह
क्षण-भर को यहाँ-वहाँ रह-रह
छू लेती सागर की तह-तह
मैं उसी विधाता का सर्जन
तुम कब समझोगे मेरे मन

मुझको न जगत् कर तनिक मोह
करता न किसी से द्वेष, द्रोह
मैं तो पृथ्वी पर पड़ा लोह
बस, बाट तुम्हारी रहा जोह
तुम पारस, कर दोगे कंचन
तुम कब समझोगे मेरे मन

है जहाँ तुम्हारा सदा वास
इस जीवन के बारहों मास
जिस जगह रात-दिन आस-पास
करते रहते हो तुम विलास
उस जग में मेरा भी आँगन
तुम कब समझोगे मेरे मन

मैं सरस सोम रस घोल-घोल
तारों-सा खिड़की खोल-खोल
पीपल-पल्लव-सा डोल-डोल
विहगों की बोली बोल-बोल
करता रहता हूँ अभिनन्दन
तुम कब समझोगे मेरे मन।

जीवन-संगीत

गहरे, विस्तृत सागर के उस पार हमारा गाँव रहे
छोटी नैया से लकड़ी, लहर लड़ाती दाँव रहे
जल ही जल सब ओर रहे, थल पर न हमारा पाँव रहे
रहे न कोई सहायता को, हम हों, छोटी नाव रहे
होकर बेड़ा पार रहेगा, तुम तो हो पतवार सखी
जहाँ रहेंगे वहीं बसेगा नन्दनवन गुलज़ार सखी

बढ़ते ही जाते आगे को कहाँ, न यह अनुमान कभी
मिलते हैं राहों में जंगल, पर्वत, रेगिस्तान कभी
आज रूस में, कल लन्दन में, अमेरिका, जापान कभी
चलते-चलते कहीं रात-भर होगा स्वर्ण-विहान कभी
मैं हूँ एक तुम्हारा परिजन, तुम मेरे घर-बार सखी
जहाँ रहेंगे वहीं बसेगा नन्दनवन गुलज़ार सखी

यहाँ रहें या रहें वहाँ पर, या कैदी हो जेल चलें
चाहे लेकर हमें यहाँ से दूर देश को रेल चलें
सुख मिलता हो भोग चलें हम, दुख होता हो झेल चलें
दो दिन के जीवन में, जग में, हँस-हँस, खुश-खुश खेल चलें
तुम मुझ पर निर्भर करती हो, मेरे तुम आधार सखी
जहाँ रहेंगे वहीं बसेगा नन्दनवन गुलज़ार सखी

सर्वनाश हो, प्रलय, निधन हो, होकर हमें करेगा क्या
ऐसी बन्दरघुड़की से भी मानव-हृदय डरेगा क्या
चलने का अभ्यस्त पाँव यह पथ से कभी टरेगा क्या
ईश्वर का यह अमर अंश रे छन में कहीं मरेगा क्या
जब तक यह संसार रहेगा तब तक हम अवतार सखी
जहाँ रहेंगे वहीं बसेगा नन्दनवन गुलज़ार सखी

वेद, पुराण, कुरान, हमारे अन्तस्तल के मर्म सही
पत्थर से भी नेह लगाना, एक नेह ही धर्म सही
सही सभी बातें इस जग की, पाप-पुण्य दो कर्म सही
जब तक जीवन है तब तक तो काला, गोरा चर्म सही
अन्तस्तल-वासी कहता है खुला स्वर्ग का द्वार सखी
जहाँ रहेंगे वहीं बसेगा नन्दनवन गुलज़ार सखी

दुर्लभ रे वह अमर लोक की सरस सुधा की धार यहाँ
लहराता लेकिन करुणा का गहरा पारावार यहाँ

सही मोह, भ्रम, मनोमोहिनी माया का विस्तार यहाँ
किन्तु, इसी माया के नभ में इन्द्र-धनुष से प्यार यहाँ
तुम हो, मैं हूँ और हमारा छोटा-सा संसार सखी
जहाँ रहेंगे वहीं बसेगा नन्दनवन गुलज़ार सखी।

पंछी

रे पंछी, मंजुल बोल बोल
सुख मना मोद से कर किलोल
पक रहे सरस मंजु रसाल
हैं पीले-पीले, लाल-लाल
फल-फूल, मुकुल से लदी डाल
झीलों में जल, जल में मृणाल
द्रुम में ये दाड़िम गोल-गोल
रे पंछी, मंजुल बोल बोल

निर्झर का जीवन ही झर-झर
गुंजार मधुर करते मधुकर
झीलों में खेलें जीवन-भर
हंसिनी-हंस निर्मल जल पर
तू भी अब अपनी चंचु खोल
रे पंछी, मंजुल बोल बोल

अब वह न यहाँ केवल अनार
जो खाते हो तुम बार-बार
अब तो मृदु द्रुम का भी दुलार
इस वन-भर का भी मधुर प्यार
फिर मधु मधुऋतु ने दिया घोल
रे पंछी, मंजुल बोल बोल

फूलों पर मधुपों का गुनगुन
फुलचुग्गी का मंजुल रुनझुन
सुग्गों का फल खाना चुन-चुन
वह सब वन में लख-लख, सुनसुन
कैसा मन जो उठता न डोल
रे पंछी, मंजुल बोल बोल

है उस दिन का वह कहाँ गान
वह राग मधुर, वह मधुर तान
जब जग में खोकर लाज, मान
करके अपना सर्वस्व दान
था बिका पपीहा बिना मोल
रे पंछी, मंजुल बोल बोल

जब बैठ नीड़ में, डालों पर
सुहला-सुहला चौंचों से पर
गद्‌गद होकर आँसू भर-भर
कुछ गीत न गाया रे क्षण-भर
तो इस जीवन का कुछ न मोल
रे पंछी, मंजुल बोल बोल

लहराता आता है यौवन
मिलता जग को सोने का तन
चाँदी का मन, जीवन का धन
है वही यहाँ का रे जीवन
फिर क्यों मनमारे आज बोल
रे पंछी, मंजुल बोल बोल

पंछी, न माँग तू कभी मोल
बस, मधुर बोल रे मधुर बोल

दो-चार रजत गिन्नियाँ गोल
क्या तेरा-मेरा यही मोल
फिर व्यर्थ करें क्यों मोल-तोल
रे पंछी, मंजुल बोल बोल।

हरी घास

प्रभु की असीम करुणा कुछ-कुछ होती है अब रे मुझे भास
सुख, सुषमा, शोभा, सुन्दरता बिखरी हैं मेरे आस-पास
फिर मुक्त कंठ से इन सब का गुण-गान मधुर मैं करूँ क्यों न
दी बिछा उसी ने इसीलिये मेरे आँगन में हरी घास
इन घासों के क्रीड़ा स्थल में करते मनुष्य निशि-दिन विलास
यह घास विहग की बोली में भर देती है कितना मिठास
जानता कहाँ, कैसे, कब मैं, है जीवन इतना मधुर-मधुर
जो उगा न देता वह प्रभु रे मेरे आँगन में हरी घास
रहता हूँ मैं इस वसुधा में, ढँक देती है तन को कपास
जल से, समीर से, पावक से यह जीवन पाता है हुलास
देते हैं खिला-खिला मुख को ये उपवन के गेंदे, गुलाब
पर, हृदय हरा करनेवाली मेरे आँगन में हरी घास
इन घासों पर लेटे-लेटे क्यों हूँ, निराश, चिन्तित, उदास
चाहिए सदा सरिता-समान करना इस जीवन-भर प्रयास
कर के प्रयत्न फिर उगा सकूँगा क्यों न हृदय में विमल प्रेम
जब बिना यत्न के उगती है मेरे आँगन में हरी घास
कितने लाते मंजुल मोती सागर से नित करके प्रयास
कितने चुनते हैं बालू में हीरे सागर के आस-पास
मैं इन रत्नों के लिए व्यर्थ क्यों दौड़-दौड़कर करूँ यत्न
भर लाती है जब ओस-बूँद मेरे आँगन में हरी घास
मुर्झा जाते हैं फूल तुरत होते ही कलियों का विकास
सारा उपवन का उपवन ही हो जाता है छन में उदास

पर, सदा रहूँगा जीवन में मैं मुस्काता, गाता, प्रसन्न
ऐसी ही थी, वैसी ही है मेरे आँगन में हरी घास
यह घास नहीं, है पनप उठी मेरे जीवन की मधुर आस
मैं तो रहता हूँ महलों में, पर प्राण यहीं करते निवास
बस गया यहाँ तो गलती से उस प्रभु की, सुन्दर, सुखद, स्वर्ग
क्या समझ लगा दी थी उसने मेरे आँगन में हरी घास।

झलक

(काशी के धरहरे पर से)

सामने पुरी काशी की रे संकीर्ण, सघन, सुन्दर अपार
नीचे प्रयाग से आ-आकर, कर जाती है गंगा दुलार
मैं खड़ा यहाँ पर उत्सुक हो इस बेला सब-कुछ देख रहा
पर, नहीं मानती, हठ करती, खींचती मुझे चंचल बयार
देखो, वह वन की हरियाली आ रही इधर अँचल पसार
रुक गई किन्तु, यह रेत देख, रह गई राह में उसी पार
कब आती है, कब बिछती है मेरे आँगन में हरियाली
इस आशा में धरहरा रहा रे अपलक नयनों से निहार
दीखता यहाँ से बौद्ध स्तूप, है कहीं पास ही में विहार
है वही हमारा सारनाथ, ऋषिपत्तन, वरुणा की कछार
बहती होगी फिर वहीं कहीं अब भी वैसी ही मन्द-मन्द
वसुधा की करुणामयी, सरल वरुणा की लघु-लघु, विमल-धार
सामने महल हैं बड़े-बड़े जिन के भीतर और ही लोक
हैं जहाँ बन्द जग के सुख-दुख करुणा, उमंग, आनन्द, शोक
इस ओर छतों से, खिड़की से हैं ताक रहे कितने लोचन
मैं एक अपरिचित होकर भी सुख पाता हूँ इनको विलोक
है यहाँ-कहाँ वे वन-विहंग, हिमगिरि के जल के विमल श्रोत
है अमरपुरी काशी की यह, उड़ जाते उड़ आते कपोत
धरहरा यही इनका निवास सुख से करते थे जहाँ केलि

हो रहा जहाँ मेरा मन भी कोमल भावों से ओत-प्रोत
वह राजघाट का पुल विशाल जिस पर होकर जा रही रेल
रे क्या न किया इस मानव ने करके श्रम, श्रम में कष्ट झेल
अपने इस लघु जीवन में भी हो जाता यह कितना प्रवीण
वसुधा के विस्तृत आँगन में विधि की गुड़ियों से खेल-खेल
इस शान्त अचंचल गंगा में हैं खेल रहीं रे कई नाव
ऐसे ही मेरे मन में भी क्रीड़ा करते हैं मधुर भाव
ऐसे ही इस भव-सागर में खेला करता यह लघु जीवन
सागर की चंचल लहरों में बह जाते हैं सारे अभाव
मैं रहा आज क्षण-भर निहार जग के जीवन का रंग, रूप
इतने ऊँचे से दिखता है इसका कितना सुन्दर स्वरूप
सुख-दुख के सुन्दर मिश्रण से यह बना जगत् कैसा अपूर्ण
कण-कण इसका जैसा अनूप क्षण-क्षण इसका वैसा अनूप।

हम

हैं जीवन हम, हैं यौवन हम, हैं यौवन के उन्माद हमीं
जो हिला-डुला दे दुनिया को उस विप्लव के सिंहनाद हमीं
जिस पर अवलम्बित क्रान्ति प्रबल वह पत्थर की बुनियाद हमीं
जिसमें है साहस, शक्ति-भरी वह 'ब्रह्म' की ईजाद हमीं
भारत के लाल हमीं
दुनिया की बाँह विशाल हमीं
हैं पृथ्वी के महिपाल हमीं
हैं उन्नति के आधार हमीं, सुख-दुख के ज़िम्मेवार हमीं
करते जग का व्यापार हमीं, हैं वैभव के आगार हमीं
हैं 'तिलक', लाजपत के चेले औ 'अजमल' के परिवार हमीं
हम 'मोती' और 'जवाहर' हैं, हैं गांधी के अवतार हमीं
'रवि' की वीणा के तार हमीं
'बसु' के हैं आविष्कार हमीं
सारे तत्त्वों के सार हमीं

हैं 'शंकर' के वरदान हमीं, हैं 'ईसा' के फ़रमान हमीं
हैं 'राम', 'रहीम' समान हमीं, इनसान हमीं, भगवान हमीं
दुनिया में जीवित जीवन की हैं एकमात्र पहचान हमीं
हैं भाग्य महा हम विधि के भी औ' भारत के अभिमान हमीं।

सत्याग्रह

1

है अपूर्व यह युद्ध हमारा, हिंसा की न लड़ाई है
नंगी छाती की तोपों के ऊपर विकट चढ़ाई है
तलवारों की धार मोड़ने गर्दन आगे आई है
सिर की मारों से डंडों की होती यहाँ सफ़ाई है
मर मिटने में ही होता है मान यहाँ बलवानों का
ऐसी-वैसी यह न लड़ाई, महासमर मरदानों का
जिसमें अन्त नहीं आहुति का, प्राणों के बलिदानों का

2

होता खुलकर युद्ध यहाँ 'फ़रमानों' औ 'अरमानों' का
प्रभुता-मद के अन्धेपन का, यौवन के अभिमानों का
कोप-तोप की बम-वर्षा का, मधुर-मधुर मुस्कानों का
गुडुम! गुडुम! के तुमुल नाद का, पागलपान के गानों का
लगता है मेला अलबेला बलिवेदी पर प्राणों का
ऐसी-वैसी यह न लड़ाई, महासमर मरदानों का
जिसमें अन्त नहीं आहुति का, प्राणों के बलिदानों का

3

शक्ति देखने में आती है अस्त्र-शस्त्र से हीनों की
रोंओं के मारे छिन जातीं जब नोकें संगीनों की
कैसी होती है क्रीड़ा मर-मिटने के शौकीनों की

माँ के दीवाने, परवाने, मस्ताने, इन तीनों की
चिता-चिता पर कब्र-कब्र पर घर बसता दीवानों का
ऐसी-वैसी यह न लड़ाई, महासमर मरदानों का
जिसमें अन्त नहीं आहुति का, प्राणों के बलिदानों का।

स्वागत

1

स्वागत, ऐ मोहन, इस तट पर भारत के अभिमानों से
हिन्दू, सिक्ख, मुसलमानों से, ईसाई, पैठानों से
भूले-भटके गुर्खों से, बंगाली वीर जवानों से
इनसे, उनसे सभी जनों से, जननी की सन्तानों से

2

हिम पर्वत पर रहनेवाले 'शंकर' के वरदानों से
गौतम, नानक के, रहीम के, ईसा के फ़रमानों से
'गंगा' के गीले आँसू से, 'हिजली' के बलिदानों से
छप्पर-हीन कुटी में बसनेवाले दीन किसानों से

3

हिमगिरि के नंगे मस्तक से, विन्ध्या के ठंडे मन से
यमुना-तट के ताजमहल के कुचले दिन के रोदन से
'वृन्दावन' की सूखी पतझड़ से, जननी के बन्धन से
पल-पल में माँ की छाती पर होनेवाले नर्तन से

4

'काशमीर' के सड़े फलों से, हिन्दू-मुस्लिम दंगल से
गौरव-क्षत, उजड़े 'ढाका' के फटे-पुराने मलमल से

स्वागत है रीते हाथों का बन्दी के कर निर्बल से
तेरे हाथों होनहार भारत के भावी मंगल से

5

उतर-उतर जल्दी इस तट पर, गिन माँ के दिल की धड़कन
देख नाचने को आँगन में आतुर है अब नव-यौवन
बचपन बीता, मरा बुढ़ापा, आया है अब पागलपन
बहती चारों ओर हवा है उबली आहों की सन-सन

6

बागडोर ले हाथों में अब, बलिवेदी पर रथ ले चल
जिस पथ से गत वर्ष गये थे हमें वही अब पथ ले वल
जितने हैं ये नाग भयंकर उन सबको तू नथ ले चल
छोड़-छोड़ अब सात समुन्दर गंगा ही को मथ ले चल।

चित्र

1

रोता भाग हमारा रुक कर टेढ़ी-कड़ी लकीरों में
चित्र हमारे वैभव का नग्न, उदास फकीरों में
जेलों में खुल गये हमारे मन्दिर, मस्जिद, गिर्जा अब
सुन लो प्रभु की नम्र वन्दना लोहे की जंजीरों में

2

लटक रहा है सुख कितनों का आज खेत के गन्नों में
भूखों के भगवान खड़े हैं दो-दो मुट्ठी अन्नों में
कर जोड़े अपने घर वाले हमसे भिक्षा माँग रहे
किन्तु देखते उनकी किस्मत हम पोथी के पन्नों में

3

जग में सुख है मृत्यु हमारी, है आराम मज़ारों में
जीवन का परिचय पाता है कोई एक हज़ारों में
अपने आँसू की गंगा में कितने अब तक डूब चले
बाकी का जीवन अटका है इन चिथड़ों के तारों में

4

जिसका जीवन की खप जाता अपना दुखड़ा रोने में
छोड़ एक आँसू वह क्या दे और आपको दोने में
छोड़ क्षीर सागर अब तो रहते हैं प्रभु और कहीं
लेटे छप्पर-हीन कुटी के भीतर, खर पर, कोने में

5

जिस बर्तन में छेद हो चुका देर न उसके चूने में
इसीलिए थी दौड़-धूप रे इतनी उस दिन पूने में
बिछुड़े परिजन मिले, बढ़ाते हाथ प्रेम का मिलने को
पर जाता सम्मान हमारा उन हरिजन को छूने में

6

क्या समझो, है पीड़ा कितनी इन पाँवों के छालों में
मिल कर देखी जननी के हित भस्म रमाने वालों में
बच्चे करुणा-पूर्ण दृष्टि से अपनी माँ को देख रहे
जननी की आँखें अटकी हैं कब से अपने लालों में

7

मानचित्र भारत का अंकित कृषकों की कृश काया में
सब रहस्य है छिपा हमारी इस निद्रा की माया में
जाकर देखो, कैसे कतता सूत प्रेम का विमल-विमल
पूने में, यरवदा जेल में, तरु रसाल की छाया में।

स्वतन्त्रता की ओर

आज यहाँ का बच्चा-बच्चा पिटने का अभिमानी है
देश दंग है देख-देखकर, यह कैसी कुर्बानी है
न्यौछावर आज़ादी पर युवकों की मस्त जवानी है
बूढ़ों की अब जीर्ण जरा भी पगली है, दीवानी है
अब स्वतन्त्र होने की भारत के कण-कण ने ठानी है
आज कही जाती दुनिया में घर-घर यही कहानी है
अब स्वतन्त्रता की कीमत इस भारत ने पहचानी है
क्यों छोटा-सा गाँव और क्या वह दिल्ली राजधानी है
उस बूढ़े गांधी की बातें आज सभी ने मानी है
गांधी के दृढ़ तप की कीमत जनता ने पहचानी है
कुर्बानी के लिये खड़े सब क्या मूरख, क्या ज्ञानी है
गांधी की यह आँधी चलती चाल बड़ी तूफानी है
आज कही जाती दुनिया में घर-घर यही कहानी है
अब स्वतन्त्रता की कीमत इस भारत ने पहचानी है
क्या कुटिया की बुढ़िया नानी, यौवन की अभिमानी क्या
क्या गोदी की नन्हीं बच्ची, महलों की महारानी क्या
घर के भीतर रहने वाली ठाकुर की ठकुरानी क्या
कोमलता में पलनेवाली घर की कोमल रानी क्या
जाती हैं सब बलिवेदी पर माँ को भेंट चढ़ानी है
आज कही जाती दुनिया में घर-घर यही कहानी है
अब स्वतन्त्रता की कीमत इस भारत ने पहचानी है
अब गोली की बाढ़ रोकने सब ने छाती तानी है
लालों की मूछों पर अंकित रेखाएँ मर्दानी है
क्या इनके इन बलिदानों का इस दुनिया में सानी है
होड़ देख जब इनकी, कुर्बानी भी पानी-पानी है
इस मरने की आज शान पर स्वयं स्वर्ग अभिमानी है
आज कही जाती दुनिया में घर-घर यही कहानी है
अब स्वतन्त्रता की कीमत इस भारत ने पहचानी है।

उद्‌गार

हृदय रहे आधार हृदय का, पत्थर भी दिलदार रहे
खिसक पड़ें कड़ियाँ बन्धन की, लगा नेह का तार रहे
मचल-मचलकर नन्दनवन में विहरे मस्ताना यौवन
चहक उठे अन्तर की बुलबुल, जग-विमुक्त उद्‌गार रहे
करुणा का निर्भर झरता हो, उमड़े मस्ती का सागर
एक बूँद पाने का जग में कोई भी हकदार रहे
क्या चेतन क्या जड़, कण-कण में लगे अमर फिर से नाता
सब असारता हटे यहाँ से, सार सहित संसार रहे
जीवन ही हो जगका जीवन, जगे ज्योति चिर-जीवन की
जीवन ही पर सदा हमारा तन, मन, धन बलिहार रहे
दे दे सुमन मधुप को मधु तो मधुप लुटा दे मधु जग को
यह व्यवहार रहे घर-घर में, ऐसा ही व्यापार रहे
सेवा का व्रत लेकर विचरूँ जग के कोने-कोने में
मैं न रहूँ, न सही, पर मेरा भारत यह गुलज़ार रहे।

('उमंग' 1934 से)

अन्तरा

भीतर रोना, बाहर हँसना, संगिनि, जान गया हूँ मैं।
तरुण तपस्वी, तरुण विलासी,
जग का मैं ऐसा पुरवासी,
बाहर कैसे भेद खुले रे?
मन-भीतर मेरा विश्वासी।
बादल काले ही होते हैं, संगिनि, मान गया हूँ मैं।
नाच गई काँटों में मीरा,
झूम-झूम गा गए कबीरा;

जग बदला मेरी बारी में,
गंगा बनी गहन-गम्भीरा।
इतना है कि प्रेम की वाणी अब पहचान गया हूँ मैं।

पावस और कवि

शान्त घड़ी, एकान्त बसेरा,
भीगी सन्ध्या आई है!
पावस है चुप बैठे कवि के
लिये फुहारें लाई है!
दो-दो बूँदें टपक रही हैं।
इन टीनों के छप्पर से!
छोड़ देखना इन बूँदों को
निकले कौन अभी घर से!
यह कवि की प्यारी बेला रे,
काले घन का घिर आना!
श्रम हरने के लिये शान्ति में
मन चाहे जब कुछ गाना!
जब आँखों के आगे टपकें
आँखों की जैसी बूँदें!
तब पावस का एक अनुभवी
कवि कैसे आँखें मूँदे ?
गाता है कवि गान, बूँद पर
बूँद टीन से चूती है!
नभ से छत पर, छत से आकर
कवि के हिय को छूती है!
गाता है कवि गान, धार पर
धार छतों से चलती है!
जिसे देख कविता की,

कवि के हिय में, धार मचलती है!
इसी धार में फिर मन की
सब चिन्ताएँ बह जाती हैं!
विकट परिस्थितियाँ चक्कर खा
कर नीचे ढह जाती हैं!
रह जाती है एक शिला ही
बस, कवि के दृढ़ जीवन की!
बैठ यही तोड़ा करता वह
कड़ियाँ जग के बन्धन की!

[जून, 1934]

टुकड़ी

चल बढ़े बची हुई टुकड़ी अब,
कर न विचार तनिक क्या बीता!
कदम-कदम पर ताल दे रहा
गरज, दमक, हुंकार पलीता!
मरते हैं डरपोक घरों में
बाँध गले रेशम का फीता!
यह तो समर, यहाँ मुट्ठी-भर
मिट्टी जिसने चूमी, जीता!

[अगस्त, 1934]

चाँदनी में

देख ली है चाँदनी, कैसा लगा संसार, बोलो;
धूल के इस फूल को अब कर रहे हो प्यार, बोलो।

उस दिन ज़रा बरसात थी,
यों ही अँधेरी रात थी,
रोक ली मृदु सोहिनी-सी चीज़ यों मन मार, बोलो।
प्रिय, यह नदी का तीर है,
यमुना यहाँ गम्भीर है,
दर्द के मारे रहो तो हो चुके बस पार, बोलो।
कंकड़ बहुत हैं, खेल लो,
दुख-दर्द, बाधा झेल लो,
मिल गए पिय राह में, तो क्या रहा उपहार, बोलो।
इस भेद से अनजान था,
कुछ और ही अनुमान था,
ध्यान था ब्रज की गली का, बज उठे ये तार, बोलो।
चमका करेगी दामिनी,
आया करेगी यामिनी,
प्रेम से फूला करेगा बावला कचनार, बोलो।
कुछ काट हीरे की कनी
दोगे बना तुम चाँदनी;
किन्तु लाओगे कहाँ से यह गले का हार, बोलो।
प्रेमी किसी का नाम है,
अनुराग भी कुछ काम है,
तीन दिन की जिन्दगी, जगते गए दिन चार, बोलो।

[मार्च, 1935]

विद्रोही

ए अनिष्ट के संगी-साथी, स्वर्गों की कल्पना न कर;
ऐ विनाश के नव स्फुलिंग, चन्दन-तिलकों से बना न कर।
अरे धृष्ट, कर जमा टोपियाँ, सी ले, रँग ले गेंद बना;

ऐ असभ्य, ऐ उच्छृंखल, शृंखला बजाकर मोद मना।
मरणा-घड़ी, घड़ियाल बजा, उठ विद्रोही रच सुघड़ चिता;
इधर खींच माचिस की सीकें, उधर सुना अपनी कविता।
जग के क्षणिक बुलबुले फूटें, चिर-विप्लव का राग जगे;
अट्टहास कर विग्रह, सोने की लंका में आग लगे।

[दिसम्बर, 1935]

भाई-बहन

तू चिनगारी बनकर उड़ री, जाग-जाग मैं ज्वाल बनूँ!
तू बन जा हहराती गंगा, मैं झेलम बेहाल बनूँ!
आज बसन्ती चोला तेरा, मैं भी सज लूँ, लाल बनूँ!
तू भगिनी बन क्रान्ति कराली, मैं भाई विकराल बनूँ!
यहाँ न कोई राधारानी, वृंदावन, वंशीवाला!
तू आँगन की ज्योति बहन री, मैं घर का पहरेवाला!
बहन, प्रेम का पुतला हूँ मैं, तू ममता की गोद बनी!
मेरा जीवन क्रीड़ा-कौतुक, तू प्रत्यक्ष प्रमोद बनी!
मैं भाई फूलों में भूला, मेरी बहन विनोद बनी!
भाई की गति, मति भगिनी की, दोनों मंगल-मोद बनीं!
यह अपराध कलंक सुशीले, सारे फूल जला देना!
जननी की जंजीर बज रही, चल तबियत बहला देना!
भाई एक लहर बन आया, बहन नदी की धारा है!
संगम है, गंगा उमड़ी है, डूबा कूल-किनारा है!
यह उन्माद, बहन को अपना भाई एक सहारा है!
यह अलमस्ती, एक बहन ही भाई का ध्रुवतारा है!
मंगल घड़ी, बहन-भाई है, वह आज़ाद तराना है!
मुसीबतों से, बलिदानों से पत्थर को समझाना है!

[मार्च, 1935]

रैन बसेरा

सुख-दुख ऐसी चीज़ कि जग में
जीवन की नैया डोले!
साईं, मेरा रैन बसेरा
पिंजड़े में पंछी बोले!
प्यार किया, सर्वस्व लुटाया,
प्रेमी मन को पहचाना;
खुशी हुई, तो चुप्पी साधी,
दर्द उठा, सूझा गाना,
अपना मन्दिर अलग बसाया,
बना पुजारी यह दिलदार;
मनुआ यह काहे को सोचे-
रहे फूल कि ओले!
प्रेम की लम्बी-लम्बी,
करुणा की कोमल पत्ती;
सींच रहा विरही मन मेरा,
बढ़ी, बढ़ रही है लत्ती!
सुख की हम जानें न जरा भी,
कंकड़ चुनें नदी के तीर;
जो प्रेमी हो, आगे आकर
दुख का बोझा ढोले!
हुई क्या, शाम हुई क्या,
निशिदिन चक्की चलती है
देख-देख फूलों-तारों की
जब-तब आह निकलती है।

बस इतने ही से जो रोदे,
उसमें नहीं गुलाबी रंग;
यहाँ सर्वदा सावन ही है,
झूल रहे हैं हिंडोले!

उस दिन चम्पा को देखा था,
किन्तु न वह गेंदा-जैसी;
जिसका जीवन रोना ही, वह
क्या समझे मस्ती कैसी?
आग लगा दूँ ऐसे वन में,
जहाँ न नाचे कोई मोर;
जीवन वह, जो जले निरन्तर,
जादू, जो चढ़ के बोले!

[मार्च, 1935]
('रागिनी' 1935 से)

नीलिमा

बहुत मिलते-जुलते दो लोक :
गगन भी नील, नयन भी नील।
गगन का जीवन है दिनमान,
जवानी है तारों की रात!
गगन के आँगन से घनश्याम
मचा देते दिशि-दिशि बरसात!
फेंकता जीवन पर आलोक
नयन का सहज अमन्द प्रकाश!
उमड़कर नयन-गगन में मेघ
हिलाते नयनों का आकाश।
गगन का चन्द्र-निकेतन नील,
नयन का घर-आँगन भी नील।
गगन का नील निराला लोक,
गगन का नील सिन्धु गम्भीर!
नयन जैसे सागर का तीर,
नयन जैसे नभ की तस्वीर!

गगन का नयनों का प्रतिबिम्ब,
नयन का गगनांगन-विस्तार!
गगन की स्वप्निल मायापुरी,
नयन का झिलमिल है संसार।
गगन का उड़ता अञ्चल नील,
नयन का नी-वसन भी नील!
गगन का दर्पण पूनो-चाँद,
गगन के ज्योति-दीप नक्षत्र!
गगन-वन में मेघों के कुञ्ज,
खिले आकाश-कुसुम सर्वत्र!
नयन के ज्योति-दीप हैं अश्रु,
नयन है छवि का चित्रित द्वार!
गगन है गीत-रूदन की गूँज
नयन मन-पायल की झनकार!
कमल भी नील सरित् भी नील,
नयन का जल-जीवन भी नील।

नूपुर आज बजाओ ना

(अनुरोध)

इतनी भी क्या देर कर रही,
झटपट साज सजाओ ना!
मेरे सूने-से आँगन में
नूपुर आज बजाओ ना!
यों तो वन-उपवन में उड़ती
है फूलों की धूल,
उपवन की क्यारी-क्यारी में
बिछे हुए हैं शूल;
पर जब आता नव वसन्त है,

खिल उठते वनफूल,
सजती डाल, पवन चलता है
डाल-डाल पर झूल!
तुम भी जीवन की तरंग में
झूलो और झुलाओ ना!
गा-गाकर मधुगान कोकिले,
सरस वसन्त बुलाओ ना!

2

यों तो पहले से टूटे हैं
जग-वीणा के तार,
उत्सव बिना जगत सूना है,
लगता जीवन भार;
पर जब आता पावस, होती
फुहियों की बौछार,
सुन संगीत झमक उठता है
मन्त्रमुग्ध संसार!
प्यासे मेरे प्राण, प्रेम से
जीवन-सुधा पिलाओ ना!
पढ़कर मन्त्र, छिड़क ममता-जल
आओ आज जिलाओ ना!

3

शैल-शिखर पर उड़ते फिरते
हैं मेघों के यान;
गूँजा करते हैं जंगल में
निर्झरिणी के गान;
तिमिर-गहन निस्तब्ध रात्रि में
कोकिल की मृदु तान,

निद्रा में, सपने में, गूँजा
करती है अनजान!
मेरे मन में, जीवन-वन में
गूँजो और गुँजाओ ना!
जीवन की इस अर्द्ध-रात्रि में
आओ, राह सुझाओ ना!

4

नियति-व्यंग से, प्रकृति-रोष से
मानव है भयभीत,
आँखों में आँसू भर कर वह
गाता दुख के गीत;
कठिन विरह अनुकूल जगत में
मधुर मिलन विपरीत,
जन्म-जन्म की हार और यह
दो-दो क्षण की जीत!
युग-युगव्यापी उत्पीड़न से
मेरे प्राण छुड़ाओ ना!
मेरे उर की दीप-शिखा में
आओ, नयन जुड़ाओ ना!

5

जग का गहर तिमिर हरता है
नव प्रभात रवि बाल,
डाल दिया करती मुट्ठी-भर
सन्ध्या अबिर-गुलाल;
ज्योति-तिमिर की वयःसन्धि में
जग का यौवन लाल,
चन्द्रकिरण बुनती है जलथल
दिग-दिगन्त छवि-जाल!

मेरे जीवन के निकुंज में
चन्द्रकिरण बन आओ ना!
मेरी आँखों की पलकों पर
मधुर स्वप्न बन छाओ ना!

6

क्षणिक जगत, जीवन क्षणभंगुर,
किन्तु अमर है पीर!
सुख है चंचल, दुख है चंचल,
प्राण - स्रोत गम्भीर!
खेल रहे हैं हम तुम दोनों
जन्म-मरण के तीर!
दोनों जग के बीच खिंची है
लम्बी एक लकीर!
बहुत पुरानी इस लकीर को
आओ आज मिटाओ ना!
जन्म-ज्योति से मृत्यु-तिमिर की
सीमा दूर हटाओ ना!

इस रिमझिम में चाँद हँसा है

(दार्जिलिंग की बूँदा-बाँदी)

खिड़की खोल जगत को देखो,
बाहर-भीतर घनावरण है,
शीतल है वाताश, द्रवित है
दिशा, छटा यह निरावरण है;
मेघ-यान चल रहे झूम कर
शैल-शिखर पर प्रथम चरण है।

बूँद-बूँद बन छहर रहा वह
जीवन का जो जन्म-मरण है।
जो सागर के अतल-वितल में
गर्जन-तर्जन है, हलचल है
वही ज्वार है उठा यहाँ पर
शिखर-शिखर में चहल-पहल है।

2

फुहियों में पत्तियाँ नहाईं,
आज पाँव तक भींगे तरुवर,
उछल शिखर से शिखर पवन भी
झूल रहा तरु की बाँहों पर;
निद्रा भंग, दामिनी चौंकी,
झलक उठे अभिराम सरोवर,
घर के, वन के अगल-बगल से
छलक पड़े जलस्रोत मचलकर!
हेर रहे छवि श्यामल घन ये
पावस के दिन सुधा पिला कर;
जगा रहा है जड़ को चेतन
जग-जीवन में बुला-जिला कर!

3

जागो मेरे प्राण, विश्व की
छटा निहारो, भोर हुई है
नभ के नीचे मोती चुन-चुन
नन्हीं दूब किशोर हुई है;
प्रेम-नेम-मतवाली सरिता
क्रम की और कठोर हुई है,
फूट-फूट बूँदों से श्यामा

रिमझिम चारों ओर हुई है!
निर्झर, झर-झर मंगल गाओ,
आज गर्जना घोर हुई है;
छवि की उमड़-घुमड़ में कवि की
तृषित मानसी मोर हुई है!

4

दूर-दूर से आते हैं घन
लिपट शैल में छा जाते हैं,
मानव की ध्वनि सुनकर पल में
गली-गली में मँडराते हैं;
जग से मधुर पुरातन परिचय,
श्याम घरों में घुस आते हैं,
है ऐसी ही कथा मनोहर,
उन्हें देख गिरिवर गाते हैं।
ममता का यह भींगा अँचल
हम जग में फिर कब पाते हैं;
अश्रु छोड़ मानस को समझा,
इसीलिए विरही गाते हैं।

5

सुख-दुख के मृदु-कटु अनुभव को
उठो हृदय, फुहियों से धो लो,
तुम्हें बुलाने आया सावन,
चलो-चलो, अब बन्धन खोलो;
पवन चला, पथ में हैं नदियाँ,
उछल साथ में तुम भी हो तो,
प्रेम-पर्व में जगा पपीहा,
तुम कल्याणी वाणी बोलो।

आज दिवस कलरव बन आया,
केलि बनी यह खड़ी निशा है;
हेर-हेर अनुपम बूँदों को
जगी झड़ी में दिशा-दिशा है!

6

बूँद-बूँद बन उतर रही है
यह मेरी कल्पना मनोहर
घटा नहीं, प्रेमी मानस में
प्रेम बस रहा उमड़-घुमड़ कर,
भ्रान्ति-भ्रान्ति, यह नहीं दामिनी,
याद हुई बातें अवसर पर,
तर्जन नहीं आज गूँजा है
जड़ जग का गूँगा अभ्यन्तर!
इतने ऊँचे शैल-शिखर पर
कब से मूसलधार झड़ी है;
सूखे वसन, हिया भींगा है,
इसकी चिन्ता हमें पड़ी है!

7

बोल सरोवर, इस पावस में,
आज तुम्हारा कवि क्या गाये,
कह दे शृंग, सरस रुचि अपनी
निर्झर वह क्या तान सुनाये;
बाँह उठाकर मिलो शाल, ये
दूर देश से झोंके आये,
रही झड़ी की बात, कठिन यह,
कौन हठीली को समझाये?
अजब शोख यह बूँदा-बूँदी,

पत्तों में घनश्याम बसा है;
झाँकें इन बूँदों से तारे,
इस रिमझिम में चाँद हँसा है!

8

जिय कहता है मचल-मचल कर,
अपना बेड़ा पार करेंगे,
हिय कहता है, जागो लोचन,
पत्थर को भी प्यार करेंगे;
समझ लिया संकेत 'धनुष' का
ऐसा जग तैयार करेंगे,
जीवन सकल बना कर पावस,
पावस में रसधार करेंगे।
यही कठौती गंगा होगी,
सदा सुधा-संचार करेंगे;
गर्जन-तर्जन की स्मृति में हम
यदा-कदा संहार करेंगे!

दबे पाँव तुम आई रानी

आधी दुनिया मैं हूँ, आधी
तुम हो मेरी रानी।
तुमने हमने मिलकर कर दी
पूरी एक कहानी।
तुम निर्झर के मृदु कलकल-सी,
आँसू-सी तुम छल-छल।
मेरी अनुपम प्रेम-मूर्ति तुम
सुन्दर-सुन्दर उज्ज्वल।

तुम आई, शशि पर बादल-सा,
मुख पर घूँघट डाले।
डब-डब आँखों में, यौवन के
सुन्दर स्वप्न सँभाले!
अभिलाषा, सौन्दर्य, शील से
जीवन-थाल सजाए -
जब तुम आई थी तब रानी,
मेरे नयन लजाए।
सजनि, प्रीति को रीति निभाने
उस दिन जब आई थी।
आँचल में वरदानों - जैसे
क्या-क्या भर लाई थी।
दबे पाँव तुम आई रानी,
बिना वचन कुछ बोले!
आकर द्वार हृदय के तुमने
आहिस्ते से खोले!
तब प्रातः की प्रथम किरण-सी
लगती थी तुम झिलमिल!
लज्जा में संकोचों में ही
सजनि, गई तुम हिलमिल।
मैं चंचल पश्चिमी पवन-सा,
व्याकुल जलधारों-सा!
उत्साहित मेघों-सा, झंकृत
वीणा के तारों - सा!
जैसे खोजे लहर लहर को,
प्रेमी मधुप कुसुम को!
वैसे खोज रहा था मैं भी
घर-घर वन-वन तुमको।
तुम ऐसे मिल गई कि जैसे
हो तुम पहचानी - सी।

लगती थी तुम प्यारी-प्यारी
अपनी नादानी - सी!
तुमने-हमने मिलकर जग में
अपने बाग लगाए।
जीवन-मन्दिर में दोनों ने
यौवन-राग जगाए।
मन के भीतर मुझे छिपाए
बाहर पर्दा डाले।
तुमने अपने प्रेम-नेम भी
खूब निराले पाले।

गंगा किनारे

कुछ देर यहाँ दिल जमता है,
कुछ देर तबीयत लगती है!
आँखों का पानी गरम समझ
यह दुनिया आँसू कहती है,
हर सुबह-शाम को घासों पर
फिर ओस नरम पड़ रहती है;
लहरों में आँसू-ओस लिये
वैसे ही गंगा बहती है!
कुछ देर यहाँ दिल जमता है,
कुछ देर तबीयत लगती है!
उठकर पश्चिम से आती है,
चलकर पूरब को जाती है,
अपनी धुन में चल पड़ती है,
अपनी धुन में कुछ गाती है;
पर्वत का देश दिखाती है,
सागर की राह बताती है।

कुछ देर यहाँ दिल जमता है,
कुछ देर तबीयत लगती है!
कोई कपड़े ही धोते हैं,
कोई दिल खोल नहाते हैं,
कोई अपनी दिलचस्पी से
कागज की नाव बहाते हैं;
दीवाने बैठे एक बगल
ऊँची तानों से गाते हैं।
कुछ देर यहाँ दिल जमता है,
कुछ देर तबीयत लगती है!
आकर माझी अपना बेड़ा
उस पार बढ़ा ले जाता है,
किस्मत में जो आ जाते हैं
उस पार चढ़ा ले जाता है;
पतवार चला ले जाता है,
वह पाल उड़ा ले जाता है!
कुछ देर यहाँ दिल जमता है,
कुछ देर तबीयत लगती है!
छूकर गंगा की लहरों को
जब ठंढे झोंके आते हैं,
हम मस्त-मगन हो जाते हैं,
दिल भर के झोंके खाते हैं;
दुनिया सपना-सी लगती है,
सपनों में हम खो जाते हैं!
कुछ देर यहाँ दिल जमता है,
कुछ देर तबीयत लगती है!
लहरों पर लहरें चढ़ती हैं,
पानी पर पानी चढ़ता है,
इन कूल-किनारों को छूकर
यह मजमा आगे बढ़ता है;

हम तीनों पर रह जाते हैं,
दिल को समझाना पड़ता है।
कुछ देर यहाँ दिल जमता है,
कुछ देर तबीयत लगती है!
इस वक्त मचा है शोर बहुत,
दुनिया में आँधी आई है,
अपना-अपना बस मतलब है,
मतलब ने आग लगाई है;
मतलब की मगर नहीं गंगा,
इस पर अलमस्ती छाई है।
कुछ देर यहाँ दिल जमता है,
कुछ देर तबीयत लगती है!
हैं कहीं झंडियाँ मजहब की,
लगते फिर्कों के नारे हैं,
कोई फिर्कों के प्यारे हैं,
कोई मजहब के मारे हैं,
लेकिन इस गंगा के दिल में
सूरज है, चाँद-सितारे हैं!
कुछ देर यहाँ दिल जमता है,
कुछ देर तबीयत लगती है!
हर रोज चिताएँ सजती हैं,
हर रोज मुसाफिर आते हैं,
दुनियावाले रोते-रोते
दुनिया पर आग लगाते हैं;
गंगा को थोड़ी भस्म चढ़ा
फिर वे वापस हो जाते हैं।
कुछ देर यहाँ दिल जमता है,
कुछ देर तबीयत लगती है!
कुछ देर ठहर मेरे माझी,
जल्दी मत पाल उड़ा ले जा,

ऐसी तुझको क्या जल्दी है
जो जल्दी हमें चढ़ा ले जा;
ले जाना ही है तुझको तो
तू खाली नाव बढ़ा ले जा!
कुछ देर यहाँ दिल जमता है,
कुछ देर तबीयत लगती है!

देख रहे हैं महल तमाशा

बारम्बार हँसा-रोया है,
मानव ने सुख-दुख पाया है!
गिर कर उठकर चलकर उसने
जीवन का अनुभव गाया है!
कभी रहा होगा वह युग भी
इस मानव के जग-जीवन में,
वल्कल धारण कर निशिदिन वह
घूम रहा होगा वन-वन में;
निष्ठुर नियति से, कठिन प्रकृति से
सँभल-सँभल वह लड़ता होगा,
मरता होगा मिटता होगा
साध लिये होगा वह मन में।
जीत-जीत कर हारा होगा,
हार-हार कर जीता होगा।
अपनी जय में छक-छक कर वह
मधुर सोमरस पीता होगा!
अपनी गुफा बनाता होगा
वह पहाड़ को खोद-खोदकर,
अपना वास बसाता होगा
तोड़-फोड़ कर दुस्तर पस्तर;

टूटी होगी नींद रात को,
देखे होंगे चाँद-सितारे
और जगी होगी मानस में
दुनिया की कल्पना मनोहर!
प्रातः उठकर चलता होगा
गिरि से नीचे उतर-उतरकर!
देते होंगे शरण सरोवर,
पथ दिखलाते होंगे निर्झर!
कभी रहा होगा वह युग भी
खुली जगह अब आया होगा,
जब मैदानों में टीलों में
अपना गाँव बसाया होगा;
बाग-बगीचे सींचे होंगे,
शुरू हुई होगी खेती फिर,
प्रथम-प्रथम अपने जीवन में
मानव ने सुख पाया होगा।
और लड़ा होगा औरों से
अपना खून बहाया होगा।
विघ्न दूर कर युद्ध जीतकर
विजयी वीर कहाया होगा।
गढ़ी गई होंगी समाज में
शुभ विचार से नियम-नीति नव,
मढ़ी गई होंगी जीवन में
शुद्ध भाव से रुढ़ि-रीति नव;
कायम हुई सल्तनत होगी
जग-व्यापार बढ़ा होगा फिर,
और बढ़ी होंगी प्रान्तों में
देश-देश में प्रेम-प्रीति नव!
फिर मानव ने जन-सेवा में
अपनी लगन लगाई होगी।

बन्धु-भाव का पुष्प दिखाकर
जीवन-ज्योति जगाई होगी।
मगर बात यह है, यह मानव
बना जरा भीतर का निर्बल,
इच्छा इसकी कभी न पूरी
हुई यहाँ धन-वैभव के बल;
और माँगता और खोजता
और चाहता है जीवन-भर,
फिर भी इसके पास कुछ नहीं,
भूख-प्यास है बाकी केवल!
और कपट कर छीन-कपट कर
भरता रहता है अपना घर!
इसीलिए युग-युग तक जग में
बार-बार संघर्ष हुआ था,
मानव लड़ा, मरा मानव ही,
कुटिल नियति को हर्ष हुआ था;
दुग्धधार के बदले वसुधा
रक्तधार से लाल हुई थी,
मानव की लाशों पर चढ़ कर
मानव का उत्कर्ष हुआ था।
तरु-पल्लव की तरह काँपते
राजों के गौरव-सिंहासन।
ऋतु की तरह बदल जाता था
जगती में सबलों का शासन!
कंचन की महिमा अपार थी,
कहीं प्रेम का ही झगड़ा था,
कहीं लिये तलवार हाथ में
इनका-उनका धर्म खड़ा था;
स्वप्न हो रहा था जग का सुख
शान्ति जगत की मृत्यु बनी थी

पंखकटे पंछी के ऐसा
पथ पर कहीं मनुष्य पड़ा था।
उनके ही तप से जीवित है
यह उनकी ही दुनिया प्यारी!
ज्योति जगाता है उनका तप
उनकी बलि जीवन लाती है!
उनकी याद बराबर जग का
आगे कदम बढ़ा जाती है!
अब किस्सा यह है, दुनिया में
एक नया ही युग आया है,
अपने को जग में जीवन में
मानव ने लांछित पाया है;
वह मानव है पर गुलाम है,
वह उठता है पर बन्धन है,
जीवन की गर्मी में उस पर
आज गुलामी की छाया है!
तौक गुलामी का मानव पर
आज स्वयं मानव ने डाला!
मानव को उलझाने मानव
बुनता है मकड़ी का जाला!
मानव के ही द्वारा मानव
अंध में डाला आज गया है,
और गुलामी के साँचे में
बरबस ढाला आज गया है;
औरों की यह मदहोशी है
जो वह दुख में पाला जाता,
मानव के दरवाजे से ही
मानव टाला आज गया है!
नियम बनाए थे उसने ही
अपने ही हित में अति सुन्दर!

अहित कर रहे हैं अब वे ही
खुद उसकी गतिमति कुंठित कर!
वह दरिद्र है, वह नंगा है
इसी वजह से फर्क आ रहा,
जग-जीवन का भार वहन कर
भूखा-प्यासा चला जा रहा;
उसकी दुर्गति कुछ ऐसी है,
सिर्फ आह काफी न हमारी,
दुख तो यह है, उसका साथी
पड़ा चैन से गीत गा रहा।
किया चाहता है वह खंडित
बद्ध श्रृंखला अपने मन की।
बद्ध श्रृंखला इस समाज की।
बद्ध श्रृंखला इस जीवन की।
कहते हैं, यह युग नवीन है,
बहुत हो रही जग की उन्नति,
नई रोशनी फैल गई है,
नई हो गई है जग की मति;
ज्ञान बढ़ा, विज्ञान चल रहा
अब जीवन की उन्नति करने,
नवयुग का सन्देश प्राप्त कर
बहुत प्रभावित है अब संसृति।
कहते हैं, सब सभ्य हो रहे,
सीख रहे हैं जीना सुख से।
अलग हो रहा है मानव का
जीवन, अब जीवन के दुख से।
किन्तु परिस्थिति में अन्तर है,
वह आखिर है तो गुलाम ही,
सब कुछ मिट्टी कर देता है
एक हमारा पतित काम ही;

ऊँचे-ऊँचे महल और भी
ऊँचे हों आपत्ति नहीं कुछ,
किन्तु जरूरी है क्यों, उजड़े
इन महलों के लिए ग्राम ही ?
आज जल रही हैं झोपड़ियाँ,
देख रहे हैं महल तमाशा!
उनकी हँसी और दिलचस्पी,
इनके आँसू और निराशा।
तत्त्व यही है, इस जीवन में
जीवन का अभिशाप गुलामी,
बड़े-बड़े सुख हों, हों, लेकिन
एक ओर सन्ताप गुलामी;
फिर चाहे वह बुरी गुलामी
मन की हो या जीवन की हो,
है गुलाम पापी दुनिया में,
दुनिया में है पाप गुलामी!
आज बनीं जंजीर-बेड़ियाँ
तरह-तरह की उसके गहने।
है कठोर आश्चर्य कि रुचि से
मानव इन गहनों को पहने।
और ज्ञान पानी है सब कुछ,
और सिद्धि इस समय व्यर्थ है,
स्वाधीनों के आज सामने,
दासों का भला क्या अर्थ है;
बात मान लेते हैं हम भी,
सब कुछ कर सकता है मानव,
पर स्वतन्त्र भी हुआ नहीं जो
क्या करने को वह समर्थ है?
देखो सोचो समझो सँभलो,
मानव, अब न शिकार बनो तुम!

अच्छा नहीं, स्वयं अपना ही
जग में कारागार बनो तुम!
जागो अब नवयुग में मानव,
संघर्षों का एक अंग बन,
मानवता अगाध सागर है,
उमड़ो-लहराओ तरंग बन;
है पिछला इतिहास तुम्हारा
एक लड़ाई की गाथा ही,
फिर आई जिन्दगी तुम्हारी
अब दुनिया का जोर-जंग बन!
अपने साथ समस्त जगत का
मानव, अब उद्धार करो तुम!
छोड़ चले मझधार जिसे सब
उस बेड़े को पार करो तुम!
उठो तुम्हें जग में करना है
अब सुधार भी और क्रान्ति भी,
उठो तुम्हें फैला लेना है
प्रेमभाव भी और शान्ति भी;
वसुन्धरा अब बदल गई है
कलह-अग्नि से झुलस-झुलसकर,
उठो दूर करना है तुझको
जग-जीवन की अशान्ति भी!
जो जीवन अपमानित ही है
उसका भी क्या मोह करोगे?
रौंदे-कुचले आज जा रहे,
फिर कब तुम विद्रोह करोगे?
चलो दूर गाँवों-खेतों में,
गिरी झोंपड़ी सीधी कर दो,
चलो दूर शहरों-कस्बों में,
पुण्य भावना ला दो, भर दो;

यहाँ सुखी हैं थोड़े मानव,
ज्यादे मानव यहाँ दुखी हैं,
चलो दूर सुखियों को छोड़ो,
तुम दुखियों की पीड़ा हर दो!
ऐसी भी क्या सृष्टि कि जिसमें
जग-जीवन की गलत नींव हो?
ऐसी भी क्या दुनिया, जिसमें
जो पीड़क हो चिरंजीव हो?
बढ़ो, तुम्हारे बलिदानों से
मानव जरा उदार बनेगा
बढ़ो, तुम्हारे इन कदमों पर
जीवन बारम्बार बनेगा!
दुनिया में न गुलामी होगी
मानव की मानव पर क़ायम,
बढ़ो, तुम्हारे संघर्षों से
एक नया संसार बनेगा;
बढ़ो, लगा दें आग चिता पर,
आज गुलामी को जलना है।
बढ़ो गीत विप्लव का गाते,
थोड़ी दूर और चलना है!

कोई

एक अनूठा खेल दिखाकर नटवर खेल रहा है कोई

1

मस्तक पर है चन्द्र सुशोभित
गंगा उलटी जटा-जूट में
स्वाद सुधा का मिलता उसको

काले-नीले काल-कूट में
गोरे तन पर भस्म रमाए
डाल गले मुंडों की माला
युग-युग से इस विश्व-मंच पर
नाच रहा है डमरूवाला
नाश और निर्माण सजाकर ज्ञानी खेल रहा है कोई

2

यह मोहक संसार बसाया
जड़-जंगम का मेल मिलाकर
बना दिया फिर चंचल-पागल
मूर्ति-मूर्ति को सुरा पिलाकर
मिट्टी की दीवाल खड़ी कर
दो आँखों में बत्ती धर दी
मानव की सुन्दर प्रतिमा में
अपनी उज्ज्वल आत्मा भर दी
निमिष-निमिष में हँसा-रुलाकर प्रेमी खेल रहा है कोई

3

सुघड़ सृष्टि उसके विचार है
निठुर प्रलय उसकी अभिलाषा
मेघ और सागर का गर्जन
उसकी एक सुनिश्चित भाषा
किरणें हैं उनका हँस उठना
विश्व-प्रिया के वक्षस्थल पर
है उसकी बाँहों का घेरा
एक रसिक-सा फूल खिलाकर शिल्पी खेल रहा है कोई।

('नीलिमा' 1939 से)

भोर

मारकर तुम किरणों के बाण, खिलाते नयनों के जलजात

1

ऊँघती होती काली रात
बुझ चुके होते नभ के दीप
चरण तब बज उठते हैं मन्द
तुम्हारे गिरि-वन कुंज-समीप
मधुर है मधुर तुम्हारा हास
आज उन गिरि-शिखरों के पार
उचट जाती है जिससे नींद
जाग उठता सोया संसार
नयन पर छिड़क ओस की बूँद जिलाते तुम वन-वन में प्रात

2

हँसा कर डाल-डाल में फूल
फूल में हँसते हो सुकुमार
उड़ाकर काले-काले भृंग
बसाते फूलों का संसार
भृंग का रूप तुम्हारी सूझ
फूल के रंग तुम्हारे खेल
खिलाकर फूल उड़ाकर धूल
मिलाते तुम जीवन का मेल
झुरमुटों में छिपकर चुपचाप हिलाते तुम प्राणों के पात।

छवि की जाल

पड़ा है छवि का ऐसा जाल, उलझ रह गया नयन का मीन

1

उषा ने मला अबीर-गुलाल
कमल का गाल लाल कर दिया
उड़ाया सन्ध्या ने सिन्दूर
विहग का घर-आँगन भर दिया
प्यास ले कर आई दोपहर
बनाया प्यासा जग का हिया
सँजोए घन-आँचल से दीप
खड़ी है पथ पर रजनी-प्रिया
गगन है नील सरोवर बना, बना है चाँद गगन का मीन

2

कली ने मुख का घूँघट खोल
चमन में उजियाला कर दिया
पात ने बढ़कर छाकर सरल
मुकुल पर अन्तराल कर दिया
दिया निर्झर ने खग को गान
पवन ने मधु पंचम स्वर दिया
विगह ने छेड़ी ऐसी तान
तान से कुंज-कुंज भर दिया
उड़ी है मलयानिल की लहर, उड़ा है विहग पवन का मीन

3

कहीं सागर में उठता ज्वार
कि डूबे तीर कि डूबे कूल
कहीं शिखरों पर उठता मेघ
कि बरसे बूँद कि बरसे फूल

कभी नभ पर खिल जाता चाँद
कि तरसे नयन की तरसे हिया
कभी वन-वन फूलता वसन्त
कि सरसे हिया की सरसे जिया
चली जग में जीवन की धार, चला धारों पर मन का मीन।

रूप-दीप

सुमुखि, तुम्हारे रूप-दीप में भरा हुआ इतना प्रकाश था

1

चहुँ दिशि छाए अन्धकार से था जीवन में ऊब गया मैं
बही तुम्हारी ज्यातिर्धारा सहसा उसमें डूब गया मैं
जब उतराया मैं तरंग पर मन्त्र-मुग्ध हो मैंने देखा
काँप रहे तेरे अधरों पर खेल रहा स्वर्मिण सुहास था

2

मेरे जीवन की सन्ध्या में तुम झिलमिल तारा बन आई
मधुर तुम्हारी रूप-सुधा से झूम उठी मेरी परछाई
किसने मेरे शून्य कक्ष में यह दीपक रख दिया जलाकर
जिसकी ज्योति-लहर में मेरी डूब रहा कल्पनाकाश था

3

जलता जाता था रूप-दीप, सौन्दर्य-वर्त्तिका उठी हुई थी
मेरे मन की तरुण चेतना उस यौवन पर लुटी हुई थी

तेरी दीपशिखा पर मेरे नयनों की टकटकी लगी थी
मिटता था मैं सही शलभ-सा, पर उसमें कितना हुलास था

4

गहन अमा की अर्द्धरात्रि में तुम स्वप्नों से जगी हुई थीं
अलसित-चकित तुम्हारी आँखें कक्ष-कक्ष पर लगी हुई थीं
तुम प्रकाश की लहर उड़ाकर नयनों में मुस्करा रहीं थीं
मैं लहरों को भुज-बन्धन-भर खड़ा तुम्हारे आस-पास था

5

रूप-दीप जलता जाता था और शलभ मिटते थे जलकर
जलकर राख हुआ मैं उसमें और गिरा तेरे चरणों पर
मेरे प्राण-सुमन अब अपनी गन्ध दीप पर चढ़ा गए थे
जीवन में तुमको पाने का वह मेरा अन्तिम प्रयास था।

पतझड़ में भी आना

मधुऋतु में जैसे तुम आए, पतझड़ में भी आना
पीले झरते हुए पात का गाना सुनते जाना

1

तुम आए इस बार चमन में आई नई जवानी
फूलों ने देखा, चमका है टहनी-टहनी पानी
तुम आए अल्हड़ मस्ती में झूमीं क्यारी-क्यारी
दिल खटका आँखों ने गुल की जो तस्वीर उतारी
देखोगे उस बार चमन का आँधी में उड़ जाना
मधुऋतु में जैसे तुम आए, पतझड़ में भी आना

2

फूलों से ऊपर भी कोई दुनिया एक बसी है
जिसकी किस्मत पर कुदरत भी रोई और हँसी है
वह दुनिया छलछल आँसू से बुझ-बुझ जलनेवाली
धू-धू कर जल चुके चिता अब आना आग बुझाना
मधुऋतु में जैसे तुम आए, पतझड़ में भी आना

3

तुम आए खिल उठी चाँदनी, धीमे पड़े सितारे
चला तुम्हारे पीछे आलम, हम रह गए किनारे
काली रात घनी अँधियारी जब आलम में छाए
एक निराला नया चाँद बन कब तुम हँसते आए

4

तुम आए चल दिया चूमकर कदम तुम्हारा झरना
रेतों पर देखो तो उसका हँसना और बिखरना
खेल-खेल खो गयी रेत में जब वह धार अकेली
उठा सकी क्या उसे तुम्हारी तब यह बन्द हथेली
जब मैं खो जाऊँ तब आना, आँधी-पानी लाना
मधुऋतु में जैसे तुम आए, पतझड़ में भी आना

5

लहरों में बहते-बहते अब मुझको होश नहीं है
इस बेहोशी में भी मेरा दिल खामोश नहीं है
दिल चुप हो, सारे आलम में जब खामोशी छाए
कहीं पास से तब मुझको तुम क्यों न बुलाते आए
पास बैठना खामोशी में गाना दर्द जगाना
मधुऋतु में जैसे तुम आए, पतझड़ में भी आना

6

उछल-उछल ऊँची मौजों पर मेरी नाव चली है
टूटी थी पतवार पुरानी, अबकी पाल जली है
घाट उतरने को अब मेरी यह मँझधार बनेगी
यह टूटी पतवार चलेगी, जलती पाल तनेगी
डुबकी लेते ही आ जाना, बढ़ती लहर मिटाना
मधुऋतु में जैसे तुम आए, पतझड़ में भी आना।

तीर लक्ष्य पर छूट चुका है

(परिचय)

उड़-उड़कर गा रहे विहग जो
वह मेरा ही अमर ज्ञान है

1

मैं वसन्त हूँ, कुंज-कुंज में
मेरा ही पीताम्बर उड़ता
निर्झर की उद्दाम लहर में
मेरा यौवन फूट उमड़ता
मेरे पुलकित रोम-रोम से
तरु के पात हिले वन-वन में
डालों पर गा रहे विहग जो
वह मेरा ही अमर गान है

2

वन-कुंजों में लुकता-छिपता
अन्धकार भागा जाता है
लेकर बाण किरण का कोई।

अम्बर में दौड़ा आता है
निज होठों से लगा क्षितिज का
प्याला मैं मुस्करा पड़ा था
वही रात-भर सोए जग की
अलसित आँखों में विहान है

3

सागर की उत्ताल तरंगें
अग-जग को ललकार उठी थीं
बूँद-बूँद की भरी जवानी
थी, मन में हुंकार उठी थीं
कोई समझ रहे, सागर में
उठता है तूफान गजब का
वह तो क्षण-भर जरा मौज में
आया मेरा दिल जवान है

4

नभ की नीली-सी चादर में
तारों के मणि-रत्न जड़े हैं
विहग कल्पना के उड़ते हैं
द्वार व्योम के खुले पड़े हैं
किसी समय मैंने जीवन में
सुख-स्वप्नों का जाल बुना था
दुनिया की आँखों पर छाकर
वही साँवला आसमान है

5

इस जीवन को गंगा मानो
जिसकी शान्त-सरल जलधारा
यौवन की चंचल उमंग में

डुबा चली जो कूल-किनारा
मैं गाता हूँ झूम-झूमकर
नभ में मेघ उमड़ आए हैं
मैं हूँ इधर, उधर तुम, मुझको
और किसी का नहीं ध्यान है

6

मेरे मन का दीप जलाकर
चला गया है कोई बाहर
जलता हूँ मैं इसी दीप से
जग के सारे दीप जलाकर
जलते जाते दीप साथ में
बुझते जाते एक-एक कर
मेरे भाग्य-पत्र पर साथी
लिखा हुआ ऐसा विधान है

7

दुनिया है अपनी बहार पर
धूम मची है नगर-नगर में
मैं राही हूँ और अकेला
चला जा रहा शून्य डगर में
यौवन की पहली उमंग में
मैंने भी थे तीर सम्हाले
तीर लक्ष्य पर छूट चुका है
हाथों में खाली कमान है

8

तारें है सुख-दुख के साथी
नभ-आँगन के रवि-शशि प्रहरी

साँझ-सवेरा जीवन भरते
प्यास लिए आती दोपहरी
अम्बर में तारों के नीचे
मेरा कक्ष बना है सुन्दर
जिसके आँगन में पर फैला
उड़ता मेघों का विमान है

9

तारे हैं झिलमिल अति सुन्दर
पर वे दिन में छिप जाते हैं
गिरिवर ये ऊँचे विशाल हैं
पर वे गीत नहीं गाते हैं
खिलते हैं ये फूलल मनोहर
पर रह जाते हैं खिलकर ही
यह उद्दाम जवानी वाला
निर्झर ही मेरे समान है

10

इस जग को तुम मन्दिर जानो
कवि को मानो एक पुजारी
प्राणों का नैवेद्य चढ़ाने
चले जा रहे हैं नर-नारी
कवि की रूँधी हुई वाणी से
इस मन्दिर के पत्थर जागे
रूप-गन्ध तारों की उड़ती
तना चाँदनी का वितान है

11

धरणी की उन्नत छाती पर
जीवन-सागर घहराता है

ऊपर झंझा की झकोर है
नीचे सागर लहराता है
नभ के नीचे धरा, धरा के
नीचे बूँद बना मैं जल में
ऐसी ही चंचल-उद्वेलित
लहरों पर मेरा मकान है

12

जग तो है युग-युग की पूँजी
जीवन क्षण-भंगुर दो दिन का
हम हैं विहग उड़े जाते हैं
तूफानों में बनकर तिनका
दुनिया में जीवन है केवल
एक बूँद का क्षणिक झूमना
वर्षा-बाद फटे बादल-सा
सुन लो, यह सारा जहान है

13

मैं घन में दामिनी बना था
में वन में ऋतुराज बना था
मैं विशाल ऊँचे गिरिवर के
सिर पर हिम का ताज बना था
एक बार सुन्दर प्रभात में
मैंने अरुण उषा को चूमा
उसकी लाली गई नहीं है
अधरों पर उसका निशान है

14

मैंने देखा है, पावस में
घन बन बोल उठी थी धरणी

सावन में मधु-भरे कलश-सा
डगमग डोल उठी थी धरणी
यह संसार खुली पुस्तक है
जिसके अक्षर बोल रहे हैं
इस पुस्तक के पृष्ठ-पृष्ठ पर
लिखा हुआ मेरा बयान है।

कवि

मैं दीपक-सा जल रहा आज अन्तर में हाहाकार लिए
जग उँघ रहा है तिमिर बना सुख-स्वप्नों का संसार लिए
जग रास रचाए जाता है
जग हास बिछाए जाता है
क्षण-भर आनन्द-विलासों की
जग धूम मचाए जाता है
मैं जग के सुख से अलग खड़ा, वाणी मे जय-जयकार लिए
जग को दुख है जग रोता है
कुछ पाता है कुछ खोता है
युग-ईश्वर की बलि-वेदी पर
जग बार-बार बलि होता है
मैं जग के दुख में शामिल हूँ इन आँखों में जलधार लिए
जग का निकुंज है शूल-भरा
जीवन का दामन धूल भरा
हँसकर वसन्त दे गया चमन
सूखे-मुरझाए फूल-भरा
कवि बुलबुल बनकर चीख उठा दृग में उजड़ा शृंगार लिए
जग बेखबरों की बस्ती है
चलते झोकों की हस्ती है

आँसू बन-बन जो ढुलक पड़े
जग वह आँखों की मस्ती है
डाली-डाली में फूल हँसे, टहनी-टहनी पतझर लिए
जीवन लेकर रवि आता है
जीवन देखकर रवि जाता है
मादक पूनो का पूर्णचन्द्र
छवि रूप लुटा मुस्काता है
कवि आता है जग की वीणा में प्राणों की झंकार लिए
नित कल्प तिमिर का है अपार
बढ़ता जाता है अन्धकार
कवि आता सन्ध्या-दीप लिए
झिलमिल कर जाता द्वार-द्वार
आँधी में भी वे दीप खड़े अपनी लौ में ललकार लिए
जो कम्पन वीणा तारों में
वह सिहरन बना सितारों में
रोमांच उषा का, सन्ध्या की
पग-पायल की झंकारों में
मैं घन बनकर छाया नभ में झोकों में पारावार लिए
जग श्याम, मेघ की माला है
जीवन बिजली-उजियाला है
कवि दृश्यों के उस पार खड़ा
तूफान उठाने वाला है
मैं रह न सका चुप जीवन में चंचल सागर का ज्वार लिए
जग कमल बना सरसी-जल का
जीवन है रूप मधुप-दल का
शुभ श्वेत कमल के पातों पर
सरसी का निर्मल जल छलका
कवि रवि बनकर उठ आता है कर में किरणों का हार लिए।

विश्व-सुन्दरी

जल रहा तुम्हारा रंग-दीप
भर रहा विश्व तन की बाती
जल रहा तुम्हारा रूप-दीप

1

कुन्तल में बाँधें श्याम घटा
नयनों में नभ की नील छटा
अधरों पर बालारुण-रंजन
मृदु आनन में शशि-नीराजन
भौहों में साधे क्षितिज-रेख
तुम अपनी रचना रहीं देख
हाथों में विश्व-कमल सुन्दर
मधु-मधुर कंठ में कोकिल-स्वर
पग में जल-बूँदों का नूपुर
जल में नूपुर-ध्वनि मन्द-मधुर
आँचल में तरु की छाँह लिए
मन में उमंग-उत्साह लिए
अपनी गागर में सागर भर
तुम चली झूमका इतरा कर
बज उठीं पायलों रुनुन-झुनुन
जग पड़ा विश्व जीवन-ध्वनि सुन
हैं आज उजाला दिगदिगन्त
जल रहा तुम्हारा रूप-दीप

2

जगती में हाहाकार उठा
मानव सन्तप्त पुकार उठा
तुम आई मेघों पर चढ़कर

बरसाते हुए फूल भू-पर
अलमस्त बजाते हुए बीन
झंकार-मग्न रागिनी-लीन
सुन्दरी, तुम्हारे कुसुम-बाण
उड़ चले चूमने प्राण-प्राण
दिशिदिशि से जयजयकार उठा
जग का सितार झंकार उठा
उड़ चले रूप रस गन्ध अन्ध
खोलते हृदय के द्वार बन्द
दक्षिण से मस्त बयार चली
घन-घूँघट जरा उधार चली
जग झूम उठा मुखछवि निहार
जग चूम सका बस एक बार
नित विकल विश्व के प्राण जला
जल रहा तुम्हारा रूप-दीप

3

तुम गौर वर्ण, पट पीत-श्याम
शोभा-सुषमा नयनाभिराम
पूर्णिमा तुम्हारे हँसने में
ऋतुराज तुम्हारे बसने में
लेकर प्यालों में सुधा-गरल
सुन्दरी, तुम चलती मचल-उछल
पीती हँसकर तुम मधुर सुधा
दुर्दान्त गरल पीती वसुधा
लेकर हाथों में जन्म-मरण
कर रही विश्व को आज वरण
तुम्हीं कहीं बजाती जन्म-चरण
तुम कहीं सजाती प्राण-हरण
चल रहा तुम्हारा नर्तन-क्रम

पद चूम रहे हैं बल-विक्रम
तारे असंख्य जुगनू अनेक
उर्वशी विश्व-सुन्दरी एक
जग तम-सा बैठा ऊँघ रहा
जल रहा तुम्हारा रूप-दीप

यह दिल खोल तुम्हारा हँसना

(गीत)

प्रिये, तुम्हारी इन आँखों में मेरा जीवन बोल रहा है
बोलें मधुप फूल की बोली, बोले चाँद समझ लें तारे
गा-गाकर मधुगीत प्रीति के, सिन्धु किसी के चरण पखारे
यह पापी भी क्यों न तुम्हारा मनमोहन मुख-चन्द्र निहारे
प्रिये, तुम्हारी इन आँखों में मेरा जीवन बोल रहा है
देखा मैंने, एक बूँद से ढँका जरा आँखों का कोना
थी मन में कुछ पीर तुम्हारे, पर न कहीं कुछ रोना-धोना
मेरे लिए बहुत काफी है, आँखों का यह 'डबडब' होना
साथ तुम्हारी एक बूँद के मेरा जीवन डोल रहा है
कोई होगी और गगन में तारक-दीप जलानेवाली
कोई होगी और फूल में सुन्दर चित्र बनानेवाली
तुम न चाँदनी, तुम न अमावस, सखि, तुम तो ऊषा की लाली
यह दिल खोल तुम्हारा हँसना मेरा बन्धन खोल रहा है।

तुम मेरी वन्दना न मानो

(अनुरोध)

मुझको रवि की किरण न मानो
अपनी ही मुस्कान मान लो

1

मैं हूँ तिमिर ज्योति है सारा
जल-थल निखिल व्योम यह उज्ज्वल
जगकर आज देखता हूँ इस
चकाचौंध को विस्मित पल-पल
मैं हूँ मौन किशोर चन्द्र की
मुख-छवि पर टकटकी लगाए
मेरे इस निस्पन्द मौन को
तरुण तपी का ध्यान मान लो

2

मैं न समर की विजय-पताका
जो अम्बर में फहराती हो
मैं न सरल सरिता की धारा
जो लहरों में लहराती हो
मैं हूँ आज प्रवाहित जग में
जग के कोने-कोने में सखि
मुझको तुम पंछी मत मानो
नवजीवन का गान मान लो

3

मेरे नयन-गगन में सजनी
सजल-श्याम घन घिर आए हैं
आज धरातल पर जीवन के
बार-बार जो फिर आए हैं
मेरे मन की इस करुणा को
तुम अपना सावन मत मानो
अपनी आँखों से युग-युग की
तुम अपनी पहचान मान लो

4

मैं तो हूँ निस्सीम व्योम में
दिनपति की फेंकी चिनगारी
मुझे जान-भर लेने को भी
हो सकती लालसा तुम्हारी
मुझको तुम मत मानो सजनी
एक अखंड उगा ध्रुवतारा
मुझे दूर पर बढ़ा आ रहा
कल का दिन छविमान मान लो

5

जैसे तिमिर एक पर्दा है
मटमैला-सा काला-काला
वैसे ही पर्दा ही है सखि
सूर्य-चन्द्र का यह उजियाला
तुम मेरी मान्यता न मानो
मत मानो मेरे विचार तुम
मान सको तो मेरा इतना
जीवन का अनुमान मान लो

6

मैं तो हूँ वसन्त की गायक
प्राणमयी मतवाली कोकिल
मुझसे परिचित है वन सारा
मुझे जानती है मलयानिल
मुझको तुम मत मानो सजनी
किसी डाल का फूल छबीला
पतझड़ में सुनसान गली का
एक पथिक अनजान मान लो

7

चारु-चाँदनी का घन-घूँघट
डाले रजनी घूम रही है
जीवन-वन में बनी बावली
तरु-छाया-सी झूम रही है
सजनी, चाँदनी के पर्दे में
मुझको छिपा हुआ मत मानो
मैं तो दूर क्षितिज पर बैठा
आज लिए अरमान, मान लो

8

बहा रही है आज मुझे ही
मेरी चिन्ताओं की धारा
लहरों से उस ओर छिप रहा
मेरे जीवन का ध्रुवतारा
चिन्ता, आशा औ' अभिलाषा
इतने बड़े जगत में तुम इस
स्नेही को हैरान मान लो

9

तुम मेरी वन्दना न मानो
तुम मेरी कल्पना न मानो
कहा चाहता हूँ इतना ही
मैं जो हूँ उसको पहचानो
शैल-शिखर-सा ऊँचा हूँ सखि
पर मुझको मत मानो गिरिवर
मुझको तुम अपने चरणों में
झुका हुआ अभिमान मान लो

10

आँचल में तुम दीप छिपाए
मेरे मन-मन्दिर में आओ
ज्योति-दीप्ति की लहर-लहर से
मेरा जग जीवन नहलाओ
मेरे जीवन के घेरे को
कहीं चमन मत मानो सजनी
मेरे आँगन को दुनिया की
एक गली सुनसान मान लो।

तुम और मैं

आ रहे तुम बनकर मधुमास
और मैं ऋतु का पहला फूल

1

घने तुम काले-काले मेघ
उठे हो आज बाँधकर दुन्द
और मैं उठा पवन से सिहर
थिरकता धारों पर जल-बूँद
बने तुम गगन, गगन-मुख चन्द्र
चन्द्र की किरण, रेशमी डोर
और मैं तुम्हें देखने बना
मुग्ध दो नयन, नयन की कोर
सबल तुम आगे बढ़ते चरण
और मैं पीछे पड़ती धूल

2

तरुण तुम अरुण किरण का बाण
कठिन मैं अन्धकार का मर्म
मधुर तुम मधुपों की गुंजार
और मैं खिली कली की शर्म
दूर की तुम धीमी आवाज
गूँजती जो जग के इस पार
रात की मैं हूँ टूटी नींद
नींद का बिखर गया संसार
चपल तुम बढ़ती आती लहर
और मैं डूब रहा उपकूल

3

सुभग तुम ।झिलमिल-झिलमिल प्रात
प्रात का मन्द-मधुर कलहास
गहन मैं थकी झुटपुटी साँझ
उतरती तरु-कुंजों के पास
सघन तुम हरा-भरा वन-कुंज
कुंज का मैं गायक खग-बाल
तुम्हारा जीवन मेरा गान
और मेरा जीवन तरु-डाल
पुरुष तुम फैला देते बाँह,
प्रकृति मैं जाती उन पर झूल

4

प्रबल तुम तेज पवन की फूँक
फूँक से उठा हुआ तूफान
और मैं थर-थर कम्पित दीप
दीप से झाँक रहा निर्वाण

कुशल तुम कवि-कुल-कंठाभरण
और मैं एक तुम्हारा छन्द
जन्म तुम बनने का शृंगार
मरण मैं मिटने का आनन्द
सरल तुम प्रथम बार का ज्ञान
और मैं बार-बार की भूल।

[काशीराम पुरस्कार प्राप्त]

मैं प्यार माँगता हूँ

(गीत)

मुझको प्रकाश दे दो
अपने वरुण नयन का
मुझको प्रकाश दे दो
मैं प्यार माँगता हूँ
मनुहार माँगता हूँ
बस दो युवा-हृदय का
संसार माँगता हूँ
अपने किशोर मन का
मुझको निवास दे दो ॥1॥
मुझमें स्वरूप भी है
शृंगार-रूप भी है
मेरा हृदय अनूठा
जग में अनूप भी है
अपने नयन-सुमन का
मुझको सुवास दे दो ॥2॥
छाया घना अँधेरा
रे दूर है सवेरा

आलोक खोजता है
इस बार पन्थ मेरा
उन्मुक्त शशि-किरण का
मुझको सुहास दे दो ॥3॥
तुम ज्यों अगाध सागर
तुम ज्यों अपार अम्बर
मैं त्यों तरंग चंचल
मैं त्यों विहंग सुन्दर
अपने उदधि मगन का
अपने विमल गगन का
मुझको विलास दे दो
मुझको हुलास दे दो ॥4॥

मैं प्रकाश से खेल रहा हूँ

मैं प्रकाश से खेल रहा हूँ

1

ज्योति-तिमिर की आँख मिचौनी
होती है मेरे आँगन में
कर शृंगार ज्योति हँसती है
तिमिर चकित-लज्जित मन-मन में
मेरे शून्य कक्ष में रवि की
स्वर्ण किरण इठलाती आती
कुंज-कुंज सो रहे तिमिर के
कानों में बाँसुरी बजाती
सिर पर तम का जाल ओढ़ कर
मैं प्रकाश से खेल रहा हूँ

2

श्वेत-नील पर पहन खड़ी है
लज्जित-अवगुंठित दिग्बाला
निर्मल सरसी के दर्पण पर
झुकी हुई ऊँची गिरिमाला
फूलों के हिंडोल लगे हैं
वन में, वन के गृह-आँगन में
कलियाँ झूल रहीं हँस-हँसकर
प्रथम-प्रथम अपने यौवन में
मैं अपनी प्यासी आँखों पर
बाण फूल के झेल रहा हूँ।

स्व. रवीन्द्रनाथ ठाकुर

भव्य भारती की वीणा का एक गूँजता तार सो गया
अस्त हुआ रवि दूर क्षितिज में तिमिरग्रस्त संसार हो गया
उस युग को हम अभी न भूले
प्रथम फूल मधुऋतु के फूले
कुंजों के पलनों पर झूले
गान तुम्हारा विश्व-कुंज के मधुपों की गुंजार हो गया
कलरव गूँजा विपिन-विपिन में
व्यापक जग में सरित्-पुलिन में
कोटि-कोटि कंठों में बसता
चला गूँजकर पल में छिन में
मृदु आघात तुम्हारे मन का, वीणा की झंकार हो गया
तुमने बिखरे तार मिलाए
तुमने सोए प्राण जिलाए
शून्य मन्दिरों में तुमने कवि
जीवन के नवदीप जलाए

गीत तुम्हारा, मानवता का घोषित जयजयकार हो गया
तुमने 'रवि', रवि-शशि को पूजा
नहीं महाकवि, तुम-सा दूजा
अपने कवि-वाणी-वन्दन से
तुमने पूजी तरणि-तनूजा
जग के लिए तुम्हारा वन्दन, वाणी का शृंगार हो गया
अमर तुम्हारा शान्ति-निकेतन
बसा विश्व पर तरु-छाया बन
तुमने जिसे रुधिर से सींचा
जिसको दिया जन्म-फल जीवन
मुकुट तुम्हारा उस कुटीर का तोरण-वन्दनवार हो गया
तुम अपने थे बंग-देश के
तुम स्वदेश के, तुम विदेश के
तुम गायक थे जग असीम के
तुम नायक थे युग अशेष के
नवयुग का वह ज्योतिर्धर कवि अन्धकार के पार हो गया
जिसने कीर्ति देश की गाई
विश्व-प्रेम की तान सुनाई
गा-गाकर जागरण-गान की
अखिल विश्व में लहर बनाई
वही विश्व कवि आज विश्व में गंगा की जलधार हो गया
कालिदास तुम, तुम कबीर थे
तुम तुलसी गम्भीर-धीर थे
तुम गायक कविश्रेष्ठ सूर के
नयनों के दो बूँद नीर थे
आज वही कवि जग-जीवन की सरिता के उस पार खो गया
मणि-से उसके काव्य अलंकृत
उसके प्राण बीन-से झंकृत
दिगदिगन्त में लोक-लोक में
उसके अमर गान थे मुखरित

गा-गाकर कवि बना हुआ था, चुप होकर संसार हो गया
वह था वीणा-पुस्तकधारी
अखिल विश्व का कवि अवतारी
वेदी पर कर गया आरती
वह साधक साहित्य-पुजारी
वह सरस्वती के चरणों पर फूलों का उपहार हो गया
वह कवि आज चिता से लिपटा
लाल-लाल लपटों से लिपटा
जीवन की गोदी से उछला
और मृत्यु-रूपसि पर झपटा
कविता उसकी गूँज रही, कवि ज्वलित राख-अंगार हो गया
वह गाता था, सब गाते थे
उसमें अपनी छवि पाते थे
उसके गान हृदय को छूकर
चिन्तनशील बना जाते थे
आज मौन उस गायक कवि का, जग का हाहाकार हो गया।

बीन पर सो जाऊँगा मौन

आज मैं गाता सुख के गान और कल हो जाऊँगा मौन

1

बनाई मैंने अपनी कुटी
सँजोए जीने के सामान
जहाँ सुन पड़े प्यार के बोल
और गूँजे कुछ गुनगुन गान
दिखाया सब को मैंने घूम
हुए पूरे मेरे अरमान

कभी आएगी ऐसी घड़ी
रहेगी बस मेरी पहचान
छोड़कर मुझे देखती-कुटी दूर वन को जाऊँगा मौन

2

चमन के एक फूल को चूम
किया मैंने भी दो क्षण प्यार
बिठाकर घर में प्रतिमा एक
बसाया सोने का संसार
सही फिर कठिन वज्र की चोट
प्रेम-फूलों की मीठी मार
रुँधेगा कभी सुरीला कंठ
कंठ का टूटेगा गलहार
पाप सम्पूर्ण, अधूरा प्यार अश्रु से धो जाऊँगा मौन

3

उँगलियों के छूते ही आज
हुई मुखरित जीवन की बीन
अधर पर हास नयन में अश्रु
लिए मैं हुआ गान में लीन
और क्षण-क्षण पर चलते रहे
राग पर राग, गीत पर गीत
कभी आएगी ऐसी घड़ी
बन्द हो जाएगा संगीत
लगेगा ऐसी गहरी नींद, बीन पर सो जाऊँगा मौन

4

जन्म है प्रथम जान-पहचान
मरण जाना-पहचाना हुआ
बीच का है जीवन, कुछ देर

ठहर वैसे रुक जाना हुआ
किसी ने हो पर्दे की ओट
पुकारा एक-एक का नाम
प्यालियाँ लुढ़कीं, भगदड़ मची
मचा सूने घर में कुहराम
लगेगी वहाँ घाट पर भीड़, भीड़ में खो जाऊँगा मौन

5

मिलेगी एक जन्म को अवधि
मरण को चिरवांछित त्यौहार
और जीवन को पूर्ण विराम
जगत को करुण विदा का भार
रुकेगी बहती सरिता एक
कटेगी एक पेड़ की डाल
चलेगी कभी पवन झकझोर
उड़ेगा पिजड़े से खग-बाल
मिलेगी मुझे चिता पर आग, लिपट कर रो जाऊँगा मौन।

('पंचमी' 1942 से)

नवीन

तुम कल्पना करो नवीन कल्पना करो
तुम कल्पना करो
अब घिस गईं समाज की तमाम नीतियाँ
अब घिस गईं मनुष्य की अतीत रीतियाँ
हैं दे रहीं चुनौतियाँ तुम्हें कुरीतियाँ
निज राष्ट्र के शरीर के सिंगार के लिए
तुम कल्पना करो नवीन कल्पना करो
तुम कल्पना करो

जंजीर टूटती कभी न अश्रु-धार से
दुख-दर्द दूर भागते नहीं दुलार से
हटती न दासता पुकार से, गहार से
इस गंग-तीर बैठ आज राष्ट्र शक्ति की
तुम कामना करो किशोर, कामना करो
तुम कामना करो

जो तुम गए, स्वदेश की जवानियाँ गईं
चित्तौर के 'प्रताप' की कहानियाँ गईं
आज़ाद देश-रक्त की रवानियाँ गईं
अब सूर्य चन्द्र से समृद्धि ऋद्धि-सिद्धि की
तुम याचना करो दरिद्र, याचना करो
तुम याचना करो

जिसकी तरंग लोल है अशान्त सिन्धु वह
जो काटता घटा प्रगाढ़ वक्र इन्दु वह
जो मापता समग्र सृष्टि दृष्टि-विन्दु वह
वह है मनुष्य जो स्वदेश की व्यथा हरे
तुम यातना हरो मनुष्य, यातना हरो
तुम यातना हरो

तुम प्रार्थना किए चले, नहीं दिशा हिली
तुम साधना किए चले, नहीं निशा हिली
इस आर्त्त दीन देश की न दुर्दशा हिली
अब अश्रु दान छोड़ आज शीश-दान से
तुम अर्चना करो अमोघ अर्चना करो
तुम अर्चना करो

आकाश है स्वतन्त्र है स्वतन्त्र मेखला
यह शृंग भी स्वतन्त्र ही खड़ा, बना, ढला
है जलप्रपात काटता सदैव शृंखला
आनन्द-शोक जन्म और मृत्यु के लिए
तुम योजना करो स्वतन्त्र योजना करो
तुम योजना करो।

दीपक जलता रहा रात-भर

तन का दिया, प्राण की बाती,
दीपक जलता रहा रात-भर

1

दुख की घनी बनी अँधियारी,
सुख के टिमटिम दूर सितारे
उठती रही पीर की बदली,
मन के पंछी उड़-उड़ हारे
बची रही प्रिय की आँखों से
मेरी कुटिया एक किनारे
मिलता रहा स्नेह-रस थोड़ा,
दीपक जलता रहा रात-भर

2

दुनिया देखी भी अन-देखी,
नगर न जाना, डगर न जानी
रंग न देखा, रूप न देखा,
केवल बोली ही पहचानी
कोई भी तो साथ नहीं था,
केवल बोली ही पहचानी
सूनी डगर, सितारे टिमटिम,
पंथी चढ़ता रहा रात-भर

3

अगणित तारों के प्रकाश में
मैं अपने पथ पर चलता था
मैंने देखा, गगन-गली में
चाँद सितारों को छलता था

आँधी में, तूफानों में भी
प्राण-दीप मेरा जलता था
कोई छली खेल में मेरी
दिशा बदलता रहा रात-भर

4

मेरे प्राण मिलन के भूखे,
ये आँखें दर्शन की प्यासी
चलती रहीं घटाएँ काली,
अम्बर में प्रिय की छाया-सी
श्याम गगन से नयन जुड़ाए
जगा रहा अन्तर का वासी
काले मेघों के टुकड़ों से
चाँद निकलता रहा रात-भर

5

छिपने नहीं दिया फूलों की
फूलों के उड़ते सुवास ने
रहने नहीं दिया अन-जाना
शशि को शशि के मन्द हास ने
भरमाया जीवन को दर-दर
जीवन की ही मधुर आस ने
मुझको मेरी आँखों का ही
सपना छलता रहा रात-भर

6

होती रही रात-भर चुपके
आँख मिचौनी शशि-बादल में
लुकते-छिपते रहे सितारे
अम्बर के उड़ते आँचल में

बनती-मिटती रहीं लहरियाँ
जीवन की यमुना के जल में
मेरे मधुर मिलन का क्षण भी
पल-पल टलता रहा रात-भर

7

सूरज को प्राची में उठकर
पश्चिम ओर चला जाना है
रजनी को हर रोज रात-भर
तारक-दीप जला जाना है
फूलों को धूलों में मिलकर
जग का दिल बहला जाना है
एक फूँक के लिए, प्राण का
दीप मचलता रहा रात-भर।

स्वतन्त्रता का दीपक

घोर अन्धकार हो
चल रही बयार हो
आज द्वार-द्वार पर यह दिया बुझे नहीं
यह निशीथ का दिया ला रहा विहान है
शक्ति का दिया हुआ
शक्ति को दिया हुआ
भक्ति से दिया हुआ
यह स्वतन्त्रता-दिया
रुक रही न नाव हो
जोर का बहाव हो
आज गंग-धार पर यह दिया बुझे नहीं
यह स्वदेश का दिया प्राण के समान है

यह अतीत-कल्पना
यह विनीत प्रार्थना
यह पुनीत भावना
यह अनन्त साधना
शान्ति हो, अशान्ति हो
युद्ध, सन्धि, क्रान्ति हो
तीर पर, कछार पर यह दिया बुझे नहीं
देश पर, समाज पर ज्योति का वितान है
तीन-चार फूल हैं
आस-पास धूल हैं
बाँस हैं, बबूल हैं
घास के दुकूल हैं
वायु भी हिलोर दे
फूँक दे, झकोर दे
कब्र पर, मजार पर यह दिया बुझे नहीं
यह किसी शहीद का पुण्य प्राण-दान है
झूम-झूम बदलियाँ
चूम-चूम बिजलियाँ
आँधियाँ उठा रहीं
हलचलें मचा रहीं
लड़ रहा स्वदेश हो
यातना विशेष हो
क्षुद्र जीत-हार पर यह दिया बुझे नहीं
यह स्वतन्त्र भावना का स्वतन्त्र गान है।

कवि और कविता

कवि ने जो कुछ जाना
कवि ने जो पहचाना

बनता है वह छन्द-छन्द में प्राण-प्राण का गाना
हृदय-हृदय का गाना
लोक-लोक का गाना
बनता है वह भाव-लहर में उठता हुआ जमाना

1

कवि का जीवन एक जगत है जग के भीतर जग के बाहर
जग का पुण्य जहाँ सुन्दर है और पाप भी नहीं असुन्दर
जन्म जहाँ पर मधुर राग है सधा हुआ जग की वीणा पर
मरण जहाँ पर करुण गीत है रुँधा हुआ जिससे जग का स्वर
कविता है कवि-हृदय-क्षितिज पर बालारुण का आना
जीवन की प्राची में उठकर मधुर-मधुर मुसकाना

2

मानव का दुर्भाग्य कि वह जो अन्धकार में सदा पला है
लाकर यहाँ पटक धरती पर उसे भाग्य ने आज छला है
जीवन के पथ पर तारों से क्षण-भर उसका दिल बहला है
उसका दृष्टि-विहग उड़-उड़कर आज तिमिर को चीर चला है
छूट गई है उसके पीछे वह अँधियारी रात
उसकी खुली दृष्टि के सम्मुख फूट रहा है प्रात
भर-भर लाए हैं प्रकाश-कण नील कमल के पात
उड़ा ले गई दूर तिमिर को द्युति की झंझावात
देख रहा है कवि तारों का जल जाना, बुझ जाना
जग ने कवि को, कवि ने अपनी कविता को पहचाना

3

कुंज-कुंज रस-रूप बाँटता आता है ऋतुराज
कविता गूँज उठी कोकिल की बन पहली आवाज
आती ग्रीष्म जगाती जग के कंठ-कंठ में प्यास

कविता छाँह बनी तरुवर की शीतल-सलिल-सुवास
पावस में भर गया मेघ से श्याम-नील आकाश
बनकर मोर कुंज में नाचा कविता का उल्लास
पतझड़ में झड़ गया पात बन रंग-रूप बन-बन का
कविता रानी शरद-चन्द्र बन चुनती तिनका-तिनका
चुरा चली कविता ऋतु-ऋतु से एक मनोहर गाना
भरती चली हृदय जग का, कवि का अनमोल खजाना

4

कविता है उद्दाम युवक के राजा मन की रानी
शिशु का कलरव, वयोवृद्ध की बीती हुई कहानी
कविता है मुस्कान अधर पर, और नयन में पानी
कवि चिर-यौवन-प्राप्त तरुण है, कविता-भरी जवानी
नर है पुरुष, प्रकृति है नारी, कविता दोनों ओर
नर में वह बल है, नारी में कोमल भाव-हिलोर
कविता है छविमुग्ध नयन का रुक जाना, झुक जाना

5

पौ फटते ही चमक उठे जब गाँव-खेत-खलिहान
कन्धे पर हर डाल कुटी से चला गरीब किसान
उसके स्वेद-रुधिर ने सींची जल बन क्यारी-क्यारी
जैसे उसकी मुट्ठी से ही निकलीं फसलें सारी
उसकी आँखों को चमकाती खेतों की हरियाली
फूट रही गालों पर आशा-अभिलाषा की लाली

फसलों के कट जाने पर-

कविता है आँखों के आगे बिखरा दाना-दाना
मचल-उछल भर रात अटपटा ग्रामीणों का गाना
तिनकों के घर में दीपक का जलना, जलते जाना
कविता है रोमांच-लहर से एक बार छू जाना।

नया संसार

एक नया संसार
युवक बसाएँगे हिलमिलकर एक नया संसार
तरुण बनाएँगे रच-रचकर एक नया संसार

1

एक नया श्रृंगार सृष्टि का
एक नया संसार दृष्टि का
एक नया जीवन का घेरा
एक नया मानव का डेरा
एक नया वैभव का फेरा
नया उजाला, नया अँधेरा
जगती की प्राचीन बीन में नए सजेंगे तार
नए बजेंगे तार

2

तरुण क्रान्ति मन-मन मचलेगी
नगर-नगर वन-वन उछलेगी
प्रान्त-प्रान्त पुर-पुर बिछलेगी
दुनिया को लपटों में लिपटा
हा-हा करती हुई चलेगी
यह मरघट की शान्ति जलेगी
लिपी-पुती मुख-क्रान्ति जलेगी
क्लेश जलेगा, क्लान्ति जलेगी
तरुण क्रान्ति की अग्नि-शिखा में
जग-जीवन की भ्रान्ति जलेगी
जग की राखों पर सुलगेगा एक नया संसार

3

सामाजिक पापों के सिर पर चढ़कर बोलेगा अब खतरा
बोलेगा पतितों-दलितों के गरम लहू का कतरा-कतरा

होंगे भस्म अग्नि में जलकर धरम-करम और पोथी-पत्रा
और पुतेगा व्यक्तिवाद के चिकने चेहरे पर अलकतरा
सड़ी-गली प्राचीन रूढ़ि के भवन गिरेंगे, दुर्ग ढहेंगे
युग-प्रवाह पर कटे वृक्ष-से दुनिया-भर के ढोंग बहेंगे
पतित-दलित मस्तक ऊँचाकर संघर्षों की कथा कहेंगे
और मनुज के लिए मनुज के द्वार खुले-के-खुले रहेंगे
वह दिन आनेवाला होगा
धूम मचानेवाला होगा
नींव हिलानेवाला होगा
जग में लानेवाला होगा -
नये रंग का, नये ढंग का, एक नया संसार

4

मानव होगा नहीं कभी भी मानव-पशु का दास
जीवन-सत् उसका न हरेंगे मन्द-अन्धविश्वास
बाँधेगी न नियम की पट्टी मानव की आँखों को
काटेगा कानून न कोई चिड़ियों की पाँखों को
हाँकेगी न जुल्म की लाठी इधर-उधर लाखों को
भस्म समझ हम सिर पर लेंगे जीवन की राखों को
वह दुनिया जल्दी आएगी
हमको-तुमको अपनाएगी
इनको-उनको समझाएगी
मानव की टोली गाएगी
उस गायन में डूब जाएगी बेड़ी की झंकार

5

एक नया संसार कि जिसमें एक नवीन समाज
एक नई जिन्दगी कि जिसका एक नया अन्दाज
जग में मनुज-रुधिर के बदले
बहती रहे स्नेह की धारा

शान्ति बुलाती रहे पथिक को
बन जीवन-नभ का ध्रुवतारा
मानव की आँखों में जग का
कण-कण प्यारा, क्षण-क्षण न्यारा
मानवता का सिन्धु सोख ले
मानव के दृग की जल धारा
दुनिया हो मस्तों की दुनिया, जीवन हो त्योहार
मानव के जग में मानव का गूँजे जय-जयकार।

मैं गायक हूँ स्वच्छन्द हिमांचल का

(भारतवासी)

मैं पथिक सदा प्यासा गंगा-जल का
गिरिराज हिमालय मेरा है प्रहरी
प्रेमांजलि मेरी सागर की लहरी
मेरी मधुर उमंगें वन की कलियाँ
ये ग्राम-नगर मेरी जीवन-गलियाँ
मैं इसी देश की मिट्टी का पुतला
इसको जिसने कुचला, मुझको कुचला
मेरी स्नेहमयी आँखों में देखो
श्याम यमुना का निर्मल जल छलका
मेरी जीवन-ग्रन्थि प्रेम के बन्धन
मेरा जीवन साध्य नहीं, है साधन
मेरा व्रत मानवता का आराधन
मेरा श्रम चिन्ता-सागर का मन्थन
सदियों से मैंने जीवन-ज्योति जगाई
जग-वन में आशा की वेलि लगाई
दुनिया मेरा सन्देश सुना करती
मैं गायक हूँ स्वच्छन्द हिमांचल का

यह बंग-देश सूर्योदय उज्ज्वल
भरता मुझमें नवजीवन का सम्बल
सूर्यास्त सिन्ध का करुण-अरुण सुन्दर
धर जाता दीन जलाकर मेरे घर
मैं उत्तर दिशि के हिम से हूँ शीतल
मैं दक्षिण दिशि के झोकों से चंचल
हूँ लोट रहा जनपद के चरणों में
मैं मलय-पवन सुरभित विन्ध्याचल का

जग के वन में गूँजी मेरी बोली
कर रहा स्नेह की मैं खाकी झोली
मैंने फूँके प्राण कला के तन में
प्रतिमा रख दी जग के सूने मन में
मैंने सागर में नावें दौड़ाई
लहरियाँ चरण मेरे छूने आईं
मैंने उनको उठा किया आलिंगन
मैं खड़ा कूल हूँ सागर चंचल का

नगरों में जीवन-दीप जला करते
ग्रामों में बन्धन मुक्त चला करते
हम शान्त, रसिक, भोले भारतवासी
आज़ादी है जिनकी काबा-काशी
वह मेरा देश, जहाँ हल्दी-घाटी
मैंने दिन-रातें आँखों में काटीं
मैं आज मुक्ति की ओर बढ़ा जाता
दामन थामे दुनिया की हलचल का

अनुराग यहाँ विश्वास बना करता
पतझर यहाँ मधुमास बना करता
रण-मरण यहाँ उल्लास बना करता
बलिदान यहाँ इतिहास बना करता
मैं फूलों का मधुप नहीं दुनिया में

मैं तो कर में अपना मस्तक थामे
चाहे रण का, रस का, पावस का हो
मैं तो चाहक हूँ काले बादल का।

दे दो मुझको अपनी ज्वाला

(कवि की याचना)

मेरे जीवन-पथ के साथी
रुको-रुको छाया में क्षण-भर
दे दो मुझको अपनी ज्वाला
उसमें जीवन-भर जल-जलकर
मैं रच लूँगा गीत
मैं रच लूँगा गीत, जगत के लिए अनूठे गीत

1

दो मुझको जीवन की ज्वाला
लपट-भरी यौवन की ज्वाला
दो मुझको क्षण-क्षण की ज्वाला
उत्पीड़ित कण-कण की ज्वाला
दे दो तुम आँसू की माला
उसमें अपना अश्रु मिलाकर
मैं रच लूँगा गीत

2

दे दो मुझको अपना सावन
कठिन अकेलेपन का सावन

भार बने जीवन का सावन
उजड़ रहे आँगन का सावन
उमड़ रहा जो बादल काला
उसको आँखों में ले-लेकर
मैं रच लूँगा गीत

3

तुममें झड़ती कलियाँ देखीं
और उजड़ती गलियाँ देखीं
दर्द-भरी रंगरलियाँ देखीं
प्यासी मधुपावलियाँ देखीं
दे दो अनुभव सुख-दुख वाला
उसमें अपना दीप जलाकर
मैं रच लूँगा गीत

4

जीवन जग की झीनी जाली
मकड़ी ने ही बीनी जाली
उसपर और घटाएँ काली
फूटेगी कैसे फिर लाली
दे दो यह मकड़ी का जाला
उसके तारों को बिखेरकर
मैं रच लूँगा गीत

5

तुम सहते हो भार अकेले
विरह-मिलन की मार अकेले
सुख-दुख के उपहार अकेले

आँसू के अंगार अकेले
दे दो दर्द कसकनेवाला
दिल में उसके तार बजाकर
मैं रच लूँगा गीत

6

माँगी मधुऋतु, सावन आया
खिले चाँद पर बादल छाया
तुमने मन का दीप जलाया
पर जल गई शलभ-सी काया
दो अपनी किस्मत का पाला
उसे सुबह की ओस बनाकर
मैं रच लूँगा गीत

7

दर्द बना है मन की हाला
दुख बना जीवन की हाला
प्यास बनी यौवन की हाला
अश्रु बने लोचन की हाला
दे दो मुझको तुम यह हाला
इस दुनिया को पिला-पिलाकर
मैं रच लूँगा गीत।

तुमने मेरा दर्द न जाना

तुमने मेरा प्रेम न देखा,
देखी है नादानी केवल

1

खोज रहीं जो आँखें मेरी
दूर गगन में अपना तारा
वे ही हैं मेरे सुख-दुख के
चपल सिन्धु का कूल किनारा
तुमको आते देख दूर पर
बढ़ती आई, चढ़ती आई
किन्तु न पहचानी कुछ तुमने
करुणा की यह छल-छल धरा
दीख रहा तुमको आँखों में
कुछ पानी-सा पानी केवल

2

मैं जीवन की नाव बढ़ाता
चला जा रहा धीरे-धीरे
अलग खड़ी थी सारी दुनिया
जीवन की यमुना के तीरे
चलते-चलते वैसे मैंने
एक नजर उनपर भी डाली
लेकिन तुमने समझा, मेरी
दुनिया डगमग डोल रही रे
तुमने मेरे भाव न समझे,
समझी आनाकानी केवल

3

इस जीवन की निधियाँ सारी
निष्ठुर, तुम पर वार चुका मैं
तुम्हें जीतने के लालच में
तुमसे ही अब हार चुका मैं

तुम न अगर मिलते मुझको तो
क्या करता मैं दुनिया लेकर
तुमको अपनाने को केवल
दे अपना संसार चुका मैं
तुमने मेरी भक्ति न मानी
मानी मेहरबानी केवल

4

तुम हो रसिक, खिले फूलों में
चंचल भृंग बने फिरते हो
समझ मुझे यौवन, तुम मेरी
नई उमंग बने फिरते हो
ढँका हुआ है मेरा आँगन
पतझड़ के पीले पातों से
तुम सुन्दर हो चिर-नवीन हो
मधुऋतु संग बने फिरते हो
तुमने मुझसे प्रेम न माँगा
माँगी एक जवानी केवल

5

अरुण किरण आते सूरज की
फूटी है मेरी आँखों में
करुण किरण जाते सूरज की
छूटी है मेरी आँखों में
मैं प्रभात से फिर प्रभात तक
पड़ा रहा टकटकी लगाए
नयन-गगन की अश्रु-तारिका
टूटी है मेरी आँखों में
तुमने मेरी लगन न देखी,
देखी है हैरानी केवल

6

तुम मेरी कुटिया से निकले
जब गलियों में आते-जाते
मेरे प्राण पुकार उठे तब
तुमको शरमाते-शरमाते
तुमने देखा, मैंने देखा
दुनिया ने दानों को देखा
दुनिया थी, मैं ही न एक था
तुम आते तो कैसे आते
तुमने मेरा दर्द न जाना,
बोली ही पहचानी केवल

7

एक स्नेह दीपक जलता था
इस एकान्त विजन में मेरा
जिसको जग के अन्धकार ने
कई दिशाओं में आ घेरा
और तुम्हारे आते-आते
झंझा ही आ गई जोर से
तड़पा और बुझ गया दीपक
तुम न रहे, रह गया अँधेरा
मैं न तुम्हारे लिए रहा अब,
मेरी रही कहानी केवल।

दर्द में या प्यार में

तुम मिलोगे जीत में या हार में
तुम भले ही प्राण में जलते रहो

साँस में चल, आस में छलते रहो
पर बता दो एक अपनी बात तुम
जिन्दगी से तुम कहाँ नजदीक हो
साफ दिल में, दर्द में या प्यार में

फूल हो तुम डाल पर खिलता हुआ
पात हो तुम डाल पर हिलता हुआ
पास हो तुम चाँदनी-सा, दूर पर
चाँद हो दीदार से मिलता हुआ
तुम नयन के तीर में या तार में

एक-सा दिन, एक-सी रातें रहीं
एक-सा दिल, एक सी बातें रहीं
और दोनों ही जगह जब हर घड़ी
एक-सा घर, एक-सी घातें रहीं
फर्क क्या उस पार में, इस पार में

उस तरफ है मेघ काले उठ रहे
इस तरफ मोती नयन में लुट रहे
तुम कहाँ हो आज ये सामान जब
दो तरफ बरसात के हैं जुट रहे
बूँद में या बूँद की बौछार में

जिन्दगी में एक बस तुम ही रहे
जाम तुम भर दे रहे, हम पी रहे
देखते हैं देखनेवाले यही
मर रही दुनिया, मगर तुम जी रहे
राख में या राख के अंगार में

यह किरण भी राह में ही रुक गई
डाल भी इन डालियों पर झुक गई
कौन-सा वह रस कि कोयल भी जिसे
पी गई, बेमोल पीकर बिक गई
फूल की मनुहार में या मार में

बीन पर कुछ आज हम रो-गा रहे

और अपने-आपको समझा रहे
गीत बनकर हम चले नजदीक से
गूँज बनकर दूर से तुम आ रहे
तार में या तार की झंकार में
हम तुम्हारे प्यार में फूले-फले
हम तुम्हारे नाम पर मरते चले
कौन-सी फिर रह गई ऐसी कमी
जो अँधेरा है बना दीपक-तले
प्रेम में या प्रेम के व्यापार में
दूर पर वह स्वर्ग है इस पार से
दूर है संसार भी उस पार से
फिर बता दो कौन सा आसान है
जा पहुँचना जब कभी संसार से
स्वर्ग में, या स्वर्ग से संसार में
आज हमने नाव अपनी खोल दी
तीर से अब कूच हमने बोल दी
धार पर तुमने हमें झोंके दिए
तीर पर तुमने हमें कल्लोल दी
ले चलोगे पार या मँझधार में।

तुलसीदास

(भक्त-रूप)

तुलसी अधीर, तुलसी सुधीर
निशिदिन पल-पल डुबा रही थी
पावन - निर्मल बहा रही थी
सुरसरि - धारा पात-फल-फल
कूल - किनारा चढ़ अर्घ्य-जल
तुलसी चलते थे तीर-तीर

गात निमज्जित जल का लोटा
चन्दन चर्चित मोटा सोंटा
चले नहाकर भजन कंठ में
कर में लेकर वसन कन्ध में
मन में जीवन की गहन पीर

खिन्न भक्त कवि क्रूर काल से
थे अशक्त कवि दुख अकाल से
जगज्जाल से भव-बन्धन था
मोह-व्याल से मन-मन्थन था
कर रहा जीर्ण-जर्जर शरीर

चलते - चलते खिंची अधर पर
मन में चलते आए राघव
सपना देखा रघुपति राघव
स्मिति की रेखा संसृति गौरव
भर गए हृदय के शून्य तीर

सुधी भक्त को धर्म, मोक्ष औ'
गुणी भक्त को काम मिल गए
राम मिल गए सत्य प्रीति कर
धाम मिल गए शिव औ' सुन्दर
जगमगा उठी तन की कुटीर

छवि भर मन में आँसू-जल से
भक्त भजन में मन के मोल से
लीन हो गया युगल राम-पद
और धो गया होकर गद्‌गद
भर गया सिन्धु कवि-नयन-तीर

यही अश्रु-कण आज हो रहे
शब्द-शब्द बन और धो रहे
गीत भजन बन जिनसे जन-जन
श्री - रामायण अपना जीवन
कर रहे मनन गम्भीर-धीर।

आज जवानी के क्षण में

कुछ ऐसा खेल रचो साथी
कुछ जीने का आनन्द मिले
कुछ मरने का आनन्द मिले
दुनिया के सूने आँगन में, कुछ ऐसा खेल रचो साथी

1

यह मरघट का सन्नाटा तो रह-रहकर काटे जाता है
दुख-दर्द-तबाही से दलकर मुफलिस का दिल चिल्लाता है
यह झूठा सन्नाटा टूटे
पापों का भरा घड़ा फूटे
तुम जंजीरों के झनझन में, कुछ ऐसा खेल रचो साथी

2

यह उपदेशों का संचित रस तो फीका-फीका लगता है
सुन धर्म-कर्म की ये बातें दिल में अंगार सुलगता है
चाहे यह दुनिया जल जाए
मानव का रूप बदल जाए
तुम आज जवानी के क्षण में, कुछ ऐसा खेल रचो साथी

3

भोलापन की हद, जुल्मों को पिछले जन्मों का फल समझो
अपनापन की हद, जालिम के मन को भी तुम निर्मल समझो
चाहे उनको मानव समझो
चाहे उनको दानव समझो
उनके समूल उन्मूलन में, कुछ ऐसा खेल रचो साथी

4

यह दुनिया सिर्फ सफलता का उत्साहित क्रीड़ा-कलरव है
यह जीवन केवल जीतों का मोहक, मतवाला उत्सव है
तुम भी चेतो मेरे साथी
तुम भी जीतो मेरे साथी
संघर्षों के निष्ठुर रण में, कुछ ऐसा खेल रचो साथी

5

जीवन की चंचल धारा में जो धर्म बहे बह जाने दो
मरघट की राखों में लिपटी जो लाश रहे रह जाने दो
कुछ आँधी-अन्धड़ आने दो
कुछ और बवंडर लाने दो
नवजीवन में, नवयौवन में, कुछ ऐसा खेल रचो साथी

6

जीवन तो वैसे सबका है, तुम जीवन का श्रृंगार बनो
इतिहास तुम्हारा राख बना, तुम राखों में अंगार बनो
ऐयाश जवानी होती है
गत-वयस कहानी होती है
तुम अपने सहज लड़कपन में, कुछ ऐसा खेल रचो साथी।

मन का पंछी

मेरे मन का चंचल पंछी उड़ते-उड़ते उड़ जाता है

1

आया यौवन जीवन-वन में बन मादक मधुमास
फैला वन के कुंज-कक्ष में रूप-धूप का वास

तुम प्यारे हो अपनों-जैसे, स्वप्नों से अनजान
गा देते हो डाल-डाल से तुम कुछ ऐसा गान
मेरे मन का चंचल पंछी उड़ते-उड़ते उड़ जाता है

2

प्रेम तुम्हारा है मेरी इन आँखों का आकाश
मृदु मुस्कान तुम्हारी मेरे प्राणों का उल्लास
ऊपर नीला अम्बर, नीचे भी है सागर नील
उड़ते-उड़ते मिल जाती है जहाँ प्रेम की झील
मेरे मन का विह्वल पंछी मुड़ते-मुड़ते मुड़ जाता है।

3

विरह बना अँधियारा, छाई आज पीर की बदली
रह-रह चमक-दमक जाती है यह आँसू की बिजली
तुम हो लाख दूर दुनिया में, लाख गए हो भूल
आँसू की बूँदों से तुम पर चढ़ते जाते फूल
मेरे मन का पागल पंछी जुड़ते-जुड़ते जुड़ जाता है

4

जग की एक डाल पर मैं हूँ, एक डाल पर तुम भी
मैं जिस प्रेम-ताल पर नाचूँ, उसी ताल पर तुम भी
हम दोनों के नयन चार हैं, पर डोरी है एक
हम दोनों हैं चोर प्रेम के, पर चोरी है एक
इन नयनों का भोला पंछी लड़ते-लड़ते लड़ जाता है

5

चाहे तुम आँखों में हँस लो, आँखों में ही रो लो

चाहे होंठ हिलाकर भी तुम, आँखों से ही बोलो
चाहे तुम गुमसुम हो बैठो, मन का दीप जलाकर
चाहे तुम अपनी उँगली से लिख दो कुछ धरती पर
मेरे मन का घायल पंछी पढ़ते-पढ़ते पढ़ जाता है।

जिन्दगी

चल रही यह जिन्दगी
जल रही यह जिन्दगी
एक आग है कि एक बार तुम भी खेल लो
लपट जरा झेल लो
जलन जरा झेल लो
एक खेल है कि एक बार तुम भी खेल लो
ऊपर है आसमान
नीचे फैला जहान
नगर-डगर, गाँव-गली, खेत-रेत, बयाबान
दो दिनों की जिन्दगी में रहने के मकान
और राह के पड़ाव
जिन्दगी औ' मौत इसी राह की हैं धूप-छाँव
चारों ओर गरज-उमड़
सागर की लहर-लहर
दुनिया को घेरती है
जादू-सा फेरती है
लहरों पर दुनिया है काँप रही एक नाव
रह रही यह जिन्दगी
बह रही यह जिन्दगी
पर लहर है कि एक बार तुम भी खेल लो

2

दुनिया है फूलों का एक चमन
फूल-फूल कली-कली एक नूर एक किरन
जिन्दगी की आग से
मौत के रुलानेवाले राग से
जलती हुई आँखों पर हुस्न ठंडी छाया है
और दिल की दुनिया में रूप एक माया है
दो दिनों की जिन्दगी की हास हैं रंगीनियाँ
दो दिनों की जिन्दगी की आस हैं जवानियाँ
ठंडी-ठंडी साँस हैं कहानियाँ
जिन्दगी की लहरों में
तुम भी अपनी कागज की एक नाव छोड़ दो।
काँप रहे तारों से
तुम भी अपने गीतों का एक तार जोड़ दो।
जवानियों की डाल पर खिल रही यह जिन्दगी
हुस्न की हवा में आज हिल रही यह जिन्दगी
एक पेंग है कि एक बार तुम भी झूल लो

3

हँस रही यह जिन्दगी
आँख के सुरूर पर बस रही यह जिन्दगी
एक घूँट है कि एक बार तुम भी ढाल लो
झलक रहा मैखाना
छलक रहा पैमाना
जिन्दगी है जाम को एक बार छलकाना
आर-पार झलकाना
एक नजर है कि एक बार तुम भी डाल लो
टूटे हुए दाने हो तुम किसी के हार के
छूटे हुए साथी हो तुम किसी के प्यार के

लड़खड़ाते पाँव हो मौसिमे-बहार के
फूल बनके आए हो, धूल बनके जाओगे
आशियाँ में बुलबुल के तिनके-सा छाओगे
फूलों के दामन में काँटे भर लाओगे
जिन्दगी में एक बार एक गीत गाओगे
हुस्न की रंगीनियाँ
मस्ती औ' जवानियाँ
एक डोर है कि एक बार तुम भी डाल लो
एक दर्द है कि एक बार तुम भी पाल लो

4

जिन्दगी के राज में
चीख रही कोयल की पतली आवाज में
एक राज है कि एक बार तुम भी खोल दो
एक बात है कि एक बार तुम भी बोल दो
रातों के जलने से दिन में यह लाली है
और दिन के जलने से रात हुई काली है
तारे चिराग हैं, आसमान है कफन
जिनके नीचे हसीना ने-जहाँ सारे हैं दफन
जिन्दगी की कब्र पर अश्क का चिराग है
देखने में फूल है, जानने में आग है
आग है यह आग है
अब खिजाँ के सामने जिन्दगी का मोल दो
हस्ती अपनी तोल दो
जस रहे हो आज तो पर्दा अपना खोल दो
रो रही यह जिन्दगी
पत्थरों को अश्क से धो रही यह जिन्दगी
लाचारियों के पाँवों पर सो रही यह जिन्दगी
एक बूँद है कि एक बार तुम भी घोल दो।

('नवीन' 1944 से)

है ताज हिमालय के सिर पर

आज परिन्दों से कह दो, अब यहाँ विदेशी राज नहीं
है ताज हिमालय के सिर पर, अब और किसी का ताज नहीं

ताजों से मिली गुलामी के बन्धन को हमने काट दिया
राजाओं को छुट्टी दे दी, तख्तों को हमने बाँट दिया
अब एक ताज के बदले में लाखों सिर पर गांधी टोपी
चालीस कोटि युवराजों में, अब कोई भी बेताज नहीं
है ताज हिमालय के सिर पर, अब और किसी का ताज नहीं

जगमगा उठीं गंगा-जमुना क्या लाल किला, क्या ताजमहल
कुटियों से लड़ कर राज लिया, आजाद हो गए राजमहल
महलों से लेकर कुटियों तक साम्राज्य यहाँ अपनेपन का
अपनी धरती, अपना अम्बर, कोई जालिम सरताज नहीं
है ताज हिमालय के सिर पर, अब और किसी का ताज नहीं

अब दिल्ली वह दरबार नहीं यह परवानों की महफिल है
है नई शमा उम्मीदों की, आजाद एशिया का दिल है
इस दिल की धड़कन में धड़कें लाखों अरमान करोड़ों के
राजा हो एक, प्रजा लाखों, अब ऐसा यहाँ रिवाज नहीं
है ताज हिमालय के सिर पर, अब और किसी का ताज नहीं

मेहमान लुटेरे थे जितने दिल्ली की गलियाँ छोड़ गये
आवाज लगाई हमने तो, काँटों में कलियाँ छोड़ गये
वे दुश्मन गये गरीबों के, रखवारे गये गरीबी के
आबाद गरीबी थी जिन से, वे रहे गरीब-निवाज नहीं
है ताज हिमालय के सिर पर, अब और किसी का ताज नहीं

आजाद चमन से चुन-चुनकर, जो भाई दिल्ली आते हैं
दुखियों से प्यार जताते हैं, मिल कर सरकार चलाते हैं
है भारत के हर सुख-दुख में चालीस करोड़ों का हिस्सा
यह घर सब का है, थोड़े से लोगों के लिए स्वराज नहीं
है ताज हिमालय के सिर पर, अब और किसी का ताज नहीं

अब एक जगह एकत्र नहीं, धन-दौलत हो चाहे सत्ता
है साझीदार, बहारों के, अब कली-कली, पत्ता-पत्ता
जो दिये जलेंगे महलों में, वे दिये जलेंगे कुटियों में
जो भेद चलाना चाहेगा, पूछेगा उन्हें समाज नहीं
है ताज हिमालय के सिर पर, अब और किसी का ताज नहीं

हम जिसे बनाना चाहेंगे, वह राजा होगा जनमन का
हर नई किरन के लिए खुला दरवाजा होगा आँगन का
अब किले-महल की दीवारें रोकेंगी राह न जनता की
आजाद न कर दे दुनिया को, तो भारत की आवाज नहीं
है ताज हिमालय के सिर पर, अब और किसी का ताज नहीं

हर सिंहासन का अधिकारी, अब अन्तिम दीपक जला गया
आवाज न आई, ताजों का चुपचाप जनाजा चला गया
रह गए यहाँ जो अब उनका आजादी की सौगन्ध यही
फौजों से भरे विदेशी अब लाएँगे यहाँ जहाज नहीं
है ताज हिमालय के सिर पर, अब और किसी का ताज नहीं।

[जुलाई, 1958]

यह मेरा हिन्दुस्तान है

दिल चुरा रही धरती है तो मुस्करा रहा आसमान है
यह मेरा हिन्दुस्तान है

हर गली अमन में गुलशन है, रण में रण का मैदान है
यह मेरा हिन्दुस्तान है

हिन्दू-मुस्लिम क्रिस्तान हैं
लेकिन पहले इंसान हैं
हैं सिक्ख यहीं पारसी यहीं
जो हैं मिल्लत की शान हैं
हैं रंग-रँगीले लोग, तिरंगा सब का एक निशान है
यह मेरा हिन्दुस्तान है

मस्जिद की छाँव नमाज है
मन्दिर की छाँव समाज है
अपना रिवाज अपना मिजाज
यह सबके लिए स्वराज्य है
है चाँद ईद की आँखों में, दिल में रोजा रमजान है
यह मेरा हिन्दुस्तान है

दुनिया में सब अच्छे धरम
सब को प्यारी अपनी शरम
कुछ और मगर, जिसकी खातिर
हिन्दुस्तानी लेता जनम
इंसान जन्म लेता रोता, हँसकर होता बलिदान है
यह मेरा हिन्दुस्तान है

सुनहरी सुबह नेपाल की
रूपहरी शाम बंगाल की
कर दे फीका, रंग चुनरी की
दोपहरी नैनीताल की
क्या धरम-करम की बात जहाँ पत्थर में भी भगवान है
यह मेरा हिन्दुस्तान है

हैं धन्य यहाँ की नारियाँ
जौहर की ये चिनगारियाँ

जो करें शरम, आँखें पुरनम
पर फूँक चले फुलवारियाँ
इस ओर दिए हैं आँचल में, उस ओर तना तूफान है
यह मेरा हिन्दुस्तान है

ये केसर-सी कलियाँ कहाँ
उलझी लट-सी गलियाँ कहाँ
तुम देश फिरो, परदेश फिरो
पर ऐसी रँगरलियाँ कहाँ
हैं होंठ पुराने भारत के, पर सदा नई मुस्कान है
यह मेरा हिन्दुस्तान है

माँ कहते हिन्दू गाय को
भगवान समझते न्याय को
बलवान डरे, धनवान डरे
निर्बल ·दुखिया की हाय को
अरमान हिमालय-सा ऊँचा, दिल बच्चों-सा नादान है
यह मेरा हिन्दुस्तान है

फागुन रंगों का है यहीं
त्योहार दियों का है यहीं
क्या जवानियाँ क्या रवानियाँ
घर कहानियों का है यहीं
तूफान पिटे, इंसान मिटे, पर मिटा न हिन्दुस्तान है
यह मेरा हिन्दुस्तान है

हम उसी तरह आजाद हैं
जिस तरह सितारे-चाँद हैं
सर लाख कटे, हम नहीं हटे
इतिहासों को हम याद हैं
जापान देश जापानी का, ईरानी का ईरान है
यह मेरा हिन्दुस्तान है।

[जून, 1957]

मेरा देश बड़ा गर्वीला

मेरा देश बड़ा गर्वीला, रीति-रसम ऋतु रंग-रँगीली
नीले नभ में बादल काले, हरियाली में सरसों पीली

यमुना तीर घाट गंगा के, तीर्थ-तीर्थ में बाट छाँव की
सदियों से चल रहे अनूठे, ठाट गाँव के, हाट गाँव की
शहरों को गोदी में लेकर, चली गाँव की डगर नुकीली
मेरा देश बड़ा गर्वीला, रीति-रसम ऋतु रंग-रँगीली

खड़ी-खड़ी फुलवारी फूले, हार पिरोए बैठ गुजरिया
बरसाए जलधार बदरिया, भीगे जग की हरी चदरिया
तृण पर शबनम, तरु पर जुगनू, नीड़ रचाएँ तीली-तीली
मेरा देश बड़ा गर्वीला, रीति-रसम ऋतु रंग-रँगीली

घास-फूस की खड़ी झोपड़ी, लाज सँभाले जीवन-भर की
कुटिया में मिट्टी के दीपक, मन्दिर में प्रतिमा पत्थर की
जहाँ बास कंकड़ में हरि का, वहाँ नहीं चाँदी चमकीली
मेरा देश बड़ा गर्वीला, रीति-रसम ऋतु रंग-रँगीली

जो कमला के चरण पखारे, होता है वह कमल कीच में
तृण, तन्दुल, ताम्बूल, ताम्र, तिल, घी के दीपक बीच-बीच में
सीधी-सादी पूजा अपनी, भक्ति लजीली मूर्ति सजीली
मेरा देश बड़ा गर्वीला, रीति-रसम ऋतु रंग-रँगीली

बरस-बरस पर आती होली, रंगों का त्योहार अनूठा
चुनरी इधर, उधर पिचकारी, गाल-भाल पर कुंकुम फूटा
लाल-लाल बन जाते काले, गोरी सूरत पीली-नीली
मेरा देश बड़ा गर्वीला, रीति-रसम ऋतु रंग-रँगीली

दीवाली दीपों का मेला, झिलमिल महल, कुटी, गलियारे
भारत-भर में उतने दीपक, जितने जलते नभ में तारे

सारी रात पटाखे छोड़ें, नटखट बालक, उमर हठीली
मेरा देश बड़ा गर्वीला, रीति-रसम ऋतु रंग-रँगीली

खँडहर में इतिहास सुरक्षित, नगर-नगर में नई रोशनी
आए-गए हुए परदेशी, यहाँ अभी भी वही चाँदनी
अपना बना हजम कर लेती, चाल यहाँ की ढीली-ढीली
मेरा देश बड़ा गर्वीला, रीति-रसम ऋतु रंग-रँगीली

मन में राम, बगल में गीता, घर-घर आदर रामायण का
किसी वंश का कोई मानव, अंश समझते रामायण का
ऐसे हैं भारत के वासी, गात गठीला, बात चुटीली
मेरा देश बड़ा गर्वीला, रीति-रसम ऋतु रंग-रँगीली

आन कठिन भारत की लेकिन, नर-नारी का सरल वेश है
देश और भी हैं दुनिया में, पर गांधी का यही देश है
जहाँ राम की जय जग बोला, बजी श्याम की वेणु सुरीली
मेरा देश बड़ा गर्वीला, रीति-रसम ऋतु रंग-रँगीली

लो गंगा-यमुना-सरस्वती, या लो मन्दिर-मस्जिद-गिर्जा
ब्रह्मा-विष्णु-महेश भजो या, जीवन-मरन-मोक्ष की चर्चा
सबका यहीं त्रिवेणी-संगम, ज्ञान गहनतम, कला रसीली
मेरा देश बड़ा गर्वीला, रीति-रसम ऋतु रंग-रँगीली।

[फरवरी, 1957]

नवीन कल्पना करो

निज राष्ट्र के शरीर के सिंगार के लिए
तुम कल्पना करो, नवीन कल्पना करो, तुम कल्पना करो

अब देश है स्वतन्त्र, मेदिनी स्वतन्त्र है
मधुमास है स्वतन्त्र, चाँदनी स्वतन्त्र है

हर दीप है स्वतन्त्र, रोशनी स्वतन्त्र है
अब शक्ति की ज्वलन्त दामिनी स्वतन्त्र है
ले कर अनन्त शक्तियाँ सदा समृद्धि की-
तुम कल्पना करो, किशोर कल्पना करो, तुम कल्पना करो

तन की स्वतन्त्रता चरित्र का निखार है
मन की स्वतन्त्रता विचार की बहार है
घर की स्वतन्त्रता समाज का सिंगार है
पर देश की स्वतन्त्रता अमर पुकार है
टूटे कभी न तार यह अमर पुकार है
तुम कल्पना करो, अनन्त साधना करो, तुम साधना करो

हम थे अभी-अभी गुलाम, यह न भूलना
करना पड़ा हमें सलाम, यह न भूलना
रोते फिरे उमर तमाम, यह न भूलना
था फूट का मिला इनाम, यह न भूलना
बीती गुलामियाँ न लौट आएँ फिर कभी-
तुम कल्पना करो, स्वतन्त्र भावना करो, तुम भावना करो

है देश एक, लक्ष्य एक, कर्म एक है
चालीस कोटि हैं शरीर, मर्म एक है
पूजा करो, पढ़ो नमाज, धर्म एक है
बदनाम हो अगर स्वराज, शर्म एक है
चाहो कि एकता बनी रहे जनम-जनम-
तुम भेद ना करो, मनुष्य-भेद ना करो, तुम भेद ना करो

बगिया हरी-हरी वसुन्धरा भरी-भरी
फिर क्यों रहे मनुष्य की दशा मरी-मरी
फैले कुटी-कुटी, महल-महल, तरी-तरी
घर में बिरादरी, समाज में बराबरी

ऐसा न हो कि कोटि-कोटि ही दुखी रहें
तुम वेदना करो, उदार वेदना करो, तुम वेदना करो

ले कर दरिद्रता स्वतन्त्रता न चल सके
दीवार सामने खड़ी, दिया न जल सके
जो क्रान्ति से समाजवाद तक उछल सके
इतिहास दीन देश का वही बदल सके
घर-घर बनी बहार मुसकुराए वह घड़ी-
तुम प्रार्थना करो, सदैव प्रार्थना करो, तुम प्रार्थना करो

मुरझा रही कली-कली खिला दिया करो
बुझते हुए चिराग, झिलमिला दिया करो
जी लो मगर जहान को जिला दिया करो
तकदीर से गरीब को मिला दिया करो
सींचो धरा नहर-नहर लहर उछाल कर-
तुम यातना हरो, असीम यातना हरो, तुम यातना हरो

बढ़ती चले कतार देश की पुकार पर
धुन छेड़ दो नई, समष्टि के सितार पर
पीछे किया करो सिंगार द्वार-द्वार पर
पहले जले दिया शहीद के मजार पर
वे देश पर चढ़ा गए शरीर फूल-सा
तुम वन्दना करो, कृतज्ञ वन्दना करो, तुम वन्दना करो

ओ देश की जवानियो, चलो उठो-उठो
इतिहास की निशानियो, चलो उठो-उठो
ओ खून की रवानियो, चलो उठो-उठो
संघर्ष की कहानियो, चलो उठो-उठो
हम जन्म लें स्वतन्त्र ही, स्वतन्त्र ही मरें-
तुम अर्चना करो, अमोघ अर्चना करो, तुम अर्चना करो

अधिकार लो, सदा न भीख माँगते रहो
संग्राम से जनम-जनम न भागते रहो
छाई घटा, चली हिलोर, जागते रहो
घर में कहीं घुसे न चोर जागते रहो
अपने महान देश के कुशल बचाव की-
तुम योजना करो, सशस्त्र योजना करो, तुम योजना करो

कुचली गई स्वतन्त्रता की फनफना उठो
अपमान देश का हुआ कि झनझना उठो
हमला अगर कहीं हुआ कि सनसना उठो
दुश्मन बढ़े कि आर-पार दनदना उठो
संसार भी अगर कहीं मुकाबला करे -
तुम सामना करो, समर्थ सामना करो, तुम सामना करो।

[जुलाई, 1961]

अमर सेनानी गांधी

आजादी का उड़ा तिरंगा, बापू चलते चले गए
लिया स्वराज्य अहिंसा से, इतिहास बदलते चले गए

अट्ठारह सौ सत्तावन में, ऐसी आँधी आई थी
पहली बार करोड़ों ने मिलकर तलवार उठाई थी
नगर-नगर भड़की चिंगारी
उजड़े महल-कुटी-फुलवारी
जीत गए पर अत्याचारी
रही अधूरी क्रान्ति हमारी
तब से आजादी के दीपक, मन-मन जलते चले गए
लिया स्वराज्य अहिंसा से, इतिहास बदलते चले गए

मंगल पांडे, कुँवर सिंह, तात्या, नाना, लक्ष्मीबाई
इनके शोणित से रंग लेकर, क्रान्ति हमारी मुस्काई
शासक समझे, क्रान्ति मर गई
भारत की सन्तान डर गई
हारी जनता लौट घर गई
पर कुर्बानी गजब कर गई
संगीनों की छाया में भी, तरुण मचलते चले गए
लिया स्वराज्य अहिंसा से इतिहास बदलते चले गए

फिर से जन्मा राजकोट, गोकुल में मनमोहन था
यह भी थे 'मोहन', पर इनका चर्खा चक्र सुदर्शन था
कुछ ऐसे थे यह अवतारी
बने देश के लिए भिखारी
देख सके न कोटि दुखियारी
समर कर दिया फिर से जारी
इनके संग लाखों, जेलों की ओर उछलते चले गए
लिया स्वराज्य अहिंसा से, इतिहास बदलते चले गए

किन्तु इन्हें भगवान बुद्ध-सी, त्याज्य सर्वथा हिंसा थी
युद्ध-प्रेम में, शान्ति-क्रान्ति में, इनकी नीति अहिंसा थी
डरे नहीं यह शैतानों से
हटे न पीछे बलिदानों से
टकराने को तूफानों से
टकराए, पर मुस्कानों से
जहाँ मौत ने ललकारा, यह वहीं टहलते चले गए
लिया स्वराज्य अहिंसा से, इतिहास बदलते चले गए

ऐसे थे अद्भुत सेनानी, मन में खुद से लड़ते थे
बतलाते जो मार्ग हमें खुद उस पर आगे बढ़ते थे
लड़ते थे, हथियार सत्य था

वस्त्र सत्य, शृंगार सत्य था
जीवन का आधार सत्य था
इनका तो संसार सत्य था
इसी सत्य के सैनिक बनकर, पाप कुचलते चले गए
लिया स्वराज्य अहिंसा से, इतिहास बदलते चले गए

गांधी जी ने क्रान्ति-समर को, नई दिशा दी, नया मोड़
कहा, प्रेम से सत्याग्रह, व्यक्ति छोड़, कानून तोड़
धर्म भुलाकर आज एक हो
जाति मिटा कर आज एक हो
राष्ट्र एक हो, राज्य एक हो
जनता की आवाज एक हो
एक हुए जो अमर रहे वह, बिखरे, गलते चले गए
लिया स्वराज्य अहिंसा से, इतिहास बदलते चले गए

टूट पड़ा साम्राज्य कि डर से काँपा राज विदेशी था
इनकी सेना थी जन-सेना, इनका किला 'स्वदेशी' था
इनकी प्रजा बकरियाँ - गैया
चरखा इनका राजा भैया
यह खेते जनता की नैया
इनकी नैया कृष्ण कन्हैया
घन से शशि - जैसे, आफत से रोज निकलते चले गए
लिया स्वराज्य अहिंसा से, इतिहास बदलते चले गए

कभी लाजपत, मोतीलाल, तिलक तो अजमल, अनसारी
गांधी जी को भार सौंप कर, छोड़ गए बारी-बारी
फिर भी दुख से कभी न हारे
रहे निर्बलों के रखवारे
कोई मारे या ललकारे
ले आए यह नाव किनारे

गिरे देश को उठा-उठा कर, आप सँभलते चले गए
लिया स्वराज्य अहिंसा से, इतिहास बदलते चले गए

सन सैंतालिस साल शान्ति का, कहीं नहीं कंगन खनका
हुआ मगर पन्द्रह अगस्त को, अन्त विदेशी शासन का
काम न आई चाल दुरंगी
विफल हुई तैयारी जंगी
चाबी देकर गए फिरंगी
आई आजादी सतरंगी
जो करते थे राज, हाथ वे खाली मलते चले गए
लिया स्वराज्य अहिंसा से, इतिहास बदलते चले गए

औरों के सुख को रोते थे, अपने सुख का ध्यान न था
झुका दिया साम्राज्य, मगर उनको कुछ अभिमान न था
गए कभी काबा न कलीसा
हृदय पावनी गंगा जी - सा
जीवन था बहता पानी - सा
तन-मन से लगते थे ईसा
तन पर खाई तीन गोलियाँ, सब को छलते चलते गए
लिया स्वराज्य अहिंसा से, इतिहास बदलते चले गए

जैसे श्याम दे गए मुरली, राम खड़ाऊँ छोड़ गए
गांधी टोपी पहना कर यह, अखिल राष्ट्र को जोड़ गए
छोड़ गए निज नाम अमर यह
चले गए सुरधाम अमर यह
चढ़ा गए धन-धाम-अमर यह
ऐसे थे निष्काम अमर यह
फूला इनका बाग लगाया, बिरुवे फलते चले गए
लिया स्वराज्य अहिंसा से, इतिहास बदलते चले गए।

[अगस्त, 1959]

शासन चलता तलवार से

ओ राही, दिल्ली जाना तो, कहना अपनी सरकार से
चर्खा चलता है हाथों से, शासन चलता तलवार से

यह राम-कृष्ण की जन्मभूमि, पावन धरती सीताओं की
फिर कमी रही कब भारत में, सभ्यता-शान्ति-सद्भावों की
पर नए पड़ोसी कुछ ऐसे, पागल हो रहे सिवाने पर
इस पार चराते गौए हम, गोली चलती उस पार से
ओ राही, दिल्ली जाना तो, कहना अपनी सरकार से

तुम उड़ा कबूतर अम्बर में, सन्देश शान्ति का देते हो
चिट्ठी लिखकर रह जाते हो, जब कुछ गड़बड़ सुन लेते हो
वक्तव्य लिखो कि विरोध करो, यह भी कागज वह भी कागज
कब नाव राष्ट्र की पार लगी, यों कागज की पतवार से
ओ राही, दिल्ली जाना तो, कहना अपनी सरकार से

तुम चावल भिजवा देते हो, जब प्यार पुराना दर्शाकर
वह प्राप्ति-सूचना देते हैं, सीमा पर गोली-वर्षा कर
चुप रहने को तो हम इतना चुप रहें कि मरघट शरमाए
बन्दूकों से छूटी गोली, कैसे चूमोगे प्यार से
ओ राही, दिल्ली जाना तो, कहना अपनी सरकार से

मालूम हमें है तेजी से निर्माण हो रहा भारत का
चहुँ ओर अहिंसा के कारण, गुणगान हो रहा भारत का
पर यह भी सच है, आजादी है तो चल रही अहिंसा है
वर्ना अपना घर दीखेगा, फिर कहाँ कुतुबमीनार से
ओ राही, दिल्ली जाना तो, कहना अपनी सरकार से

स्वातन्त्र्य न निर्धन की पत्नी की पड़ोसी जब चाहें, छेड़े
यह वह पागलपन है जिससे शेरों से लड़ जातीं भेड़ें
पर यहाँ ठीक इसके उलटे, हैं भेड़ छेड़ने वाले ही
फिर क्यों रखते वंचित हमको, निज स्वाभाविक हुंकार से
ओ राही, दिल्ली जाना तो, कहना अपनी सरकार से

नहरें फिर भी खुद सकती हैं, बन सकती है योजना नई
जीवित हैं तो फिर कर लेंगे, कल्पना नई, कामना नई
घर की है बात, यहाँ 'बोतल' पीछे भी पकड़ी जाएगी
पहले चलकर सीमा पर सर झुकवा तो लो संसार से
ओ राही, दिल्ली जाना तो, कहना अपनी सरकार से

फिर कहीं गुलामी आई तो, क्या लेंगे हम निर्भय भी
स्वातन्त्र्य-सूर्य के साथ अस्त हो जाएगा सर्वोदय भी
इसलिए मोल आजादी का नित सावधान रहने में है
लड़ने का साहस कौन करे, फिर मरने-को-तैयार से
ओ राही, दिल्ली जाना तो, कहना अपनी सरकार से

तैयारी को भी तो थोड़ा चाहिए समय, साधन, सुविधा
इसलिए जुटाओ अस्त्र-शस्त्र, छोड़ो ढुलमुल मन की दुविधा
जब इतना बड़ा विमान तीस नखरे करता तब उड़ता है
फिर कैसे तीस करोड़ समर को चल देंगे बाज़ार से
ओ राही, दिल्ली जाना तो, कहना अपनी सरकार से

हम लड़ें नहीं प्रण तो ठानें, रण-रास रचाना तो सीखें
होना स्वतन्त्र हम जान गए, स्वातन्त्र्य बचाना तो सीखें
वह माने सिर्फ नमस्ते से, जो हँसे-मिले, मृदु बात करे
बन्दूक चलाने वाला माने, बम्बारों की मार से
ओ राही, दिल्ली जाना तो, कहना अपनी सरकार से

सिद्धान्त, धर्म कुछ और चीज, आजादी है कुछ और चीज
सब कुछ है तरु-डाली-पत्ते, आजादी है बुनियाद-बीज
इसलिए वेद-गीता-कुरान, दुनिया ने लिखे स्याही से
लेकिन लिखा आजादी का इतिहास रुधिर की धार से
ओ राही, दिल्ली जाना तो, कहना अपनी सरकार से।

[जून, 1956]

हिन्दी है भारत की बोली

दो वर्तमान का सत्य सरल,
सुन्दर भविष्य के सपने दो
हिन्दी है भारत की बोली
तो अपने आप पनपने दो

यह दुखड़ों का जंजाल नहीं,
लाखों मुखड़ों की भाषा है
थी अमर शहीदों की आशा,
अब जिन्दों की अभिलाषा है

मेवा है इसकी सेवा में,
नयनों को कभी न झँपने दो
हिन्दी है भारत की बोली
तो अपने आप पनपने दो

क्यों काट रहे पर पंछी के,
पहुँची न अभी यह गाँवों तक
क्यों रखते हो सीमित इसको
तुम सदियों से प्रस्तावों तक

औरों की भिक्षा से पहले,
तुम इसे सहारे अपने दो
हिन्दी है भारत की बोली
तो अपने आप पनपने दो

शृंगार न होगा भाषण से,
सत्कार न होगा शासन से
यह सरस्वती है जनता की
पूजो, उतरो सिंहासन से

तुम इसे शान्ति में खिलने दो
संघर्ष-काल में तपने दो
हिन्दी है भारत की बोली
तो अपने आप पनपने दो

जो युग-युग में रह गए अड़े
मत उन्हीं अक्षरों को काटो
यह जंगली झाड़ न, भाषा है,
मत हाथ पाँव इसके छाँटो

अपनी झोली से कुछ न लुटे,
औरों का इसमें खपने दो
हिन्दी है भारत की बोली
तो अपने आप पनपने दो

इसमें मस्ती पंजाबी की,
गुजराती की है कथा मधुर
रसधार देववाणी की है,
मंजुल बँगला की व्यथा मधुर

साहित्य फलेगा-फूलेगा
पहले पीड़ा से कँपने दो

हिन्दी है भारत की बोली
तो अपने आप पनपने दो

नादान नहीं थे हरिश्चन्द्र,
मतिराम नहीं थे बुद्धिहीन
जो कलम चला कर हिन्दी में
रचना करते थे नित नवीन

इस भाषा में हर 'मीरा' को
मोहन की माला जपने दो
हिन्दी है भारत की बोली
तो अपने आप पनपने दो

प्रतिभा हो तो कुछ सृष्टि करो
सदियों की बनी बिगाड़ो मत
कवि सूर बिहारी तुलसी का
यह बिरुवा नरम उखाड़ो मत

भंडार भरो, जनमन की हर
हलचल पुस्तक में छपने दो
हिन्दी है भारत की बोली
तो अपने आप पनपने दो

मृदु भावों से हो हृदय भरा
तो गीत कलम से फूटेगा
जिसका घर सूना-सूना हो
वह अक्षर पर ही टूटेगा

अधिकार न छीनो मानस का,
वाणी के लिए कलपने दो
हिन्दी है भारत की बोली
तो अपने आप पनपने दो

बढ़ने दो इसे सदा आगे,
हिन्दी जनमत की गंगा है
यह माध्यम उस स्वाधीन देश का
जिसकी ध्वजा तिरंगा है

हों कान पवित्र इसी सुर में
इसमें ही हृदय तड़पने दो
हिन्दी है भारत की बोली
तो अपने आप पनपने दो।

[अप्रैल, 1955]

बापू, तुम्हारी प्रार्थना

जो देश का दुख हर गई, स्वाधीन हम को कर गई
वह प्रार्थना थी प्रार्थना, बापू, तुम्हारी प्रार्थना
पहले उठा था एक स्वर
इंसानियत के नाम पर
जनता उठी जयघोष कर
हलचल मची फिर देश भर
जो क्रान्ति बन कर छा गई, सुख-शान्ति बन कर आ गई
वह कल्पना थी कल्पना, बापू, तुम्हारी कल्पना
पहले कटा था एक सर
स्वातन्त्र्य की बलि-वेदी पर
कितने गए फिर मनुज मर
संघर्ष कर, संग्राम कर
तलवार जिस से रुक गई, सत्ता विदेशी झुक गई
वह वन्दना थी वन्दना, बापू, तुम्हारी वन्दना
पहले जला था एक घर
परिजन-स्वजन को फूँककर
वह क्रान्ति की ज्वाला अमर

फैली, जला फिर देश भर
उद्धार जिस से हो गया, भारत बसा फिर से नया
वह कामना थी काम़ना, बापू, तुम्हारी कामना
पहले चला था एक कर
दीवार पर, जंजीर पर
जनता उठी विद्रोह कर
छोड़ा गुलामी तोड़ कर
दुख जालिमों के सिर पड़ा, साम्राज्य जिस से गिर पड़ा
वह यातना थी यातना, बापू, तुम्हारी यातना।

[अक्तूबर, 1950]

जवाहरलाल

नाव हिन्दी की चली मचलती, खेवनहार जवाहरलाल
तीर मिले, मँझधार बुलाए, तारनहार जवाहरलाल

जहाँ त्रिशूल लिए शिवशंकर, नाच गए तांडव की ताल
छोड़ गए रघुवीर धनुष तो, मुरली छोड़ गए गोपाल
शिवा गए तलवर चलाकर
गुरु गोविन्द कृपाण लगा कर
तो प्रताप सौगन्ध दिला कर
उसी लक्ष्य के लिए चलाते हैं पतवार जवाहरलाल
तीर मिले, मँझधार बुलाए, तारनहार जवाहरलाल

सत्ता की बैठक सिंहासन, नाज जहाँ अन्दाज वहीं
किन्तु बसा जो जन-मन में वह ताजों का मुहताज नहीं
और देश के सत्ताधारी
पहनें ताज, कसें असवारी
लिए फिरें संग-संग दरबारी

चलें गुलाब लगा कर अचकन पर सरदार जवाहरलाल
तीर मिले, मँझधार बुलाए, तारनहार जवाहरलाल

आज बँटा जग दो टोली में, दोनों बने किनारे दो
दुनिया पूछे शान्ति मार्ग तो, दोनों करें इशारे दो
फेंका करें प्यार के पासे
देते जाएँ रोज दिलासे
मगर खून के दोनों प्यासे
दोनों दल के बीच खड़े, बनकर दीवार जवाहरलाल
तीर मिले, मँझधार बुलाए, तारनहार जवाहरलाल

निर्धन का अपमान जगाएँ, बाँटें स्वप्न फकीरों को।
दुखियारी का भाग्य न समझें युग-युग घिसी लकीरों को।
सींचे धरा, नहर खुदवाएँ
खोलें बाँध, नदी बँधवाएँ
कुटी महल को पास बुलाएँ
कैसे क्रान्ति बुझे भारत में, जब अंगार जवाहरलाल
तीर मिले, मँझधार बुलाए, तारनहार जवाहरलाल

कहने को प्रधानमन्त्री, पर जीवन-मन्त्र अहिंसा है
लाख रचें, षड्यन्त्र पड़ोसी, इन का तन्त्र अहिंसा है
शान्ति-कपोत उड़ाते जाएँ
रण से हाथ छुड़ाते जाएँ
सब को गले लगाते जाएँ
भारत का अपमान करो तो, फिर तलवार जवाहरलाल
तीर मिले, मँझधार बुलाए, तारनहार जवाहरलाल

कहीं छिड़े संसार-युद्ध तो, चिन्ता लगे जवाहर को
तिब्बत का भी खून बहे तो, पीड़ा जगे जवाहर को
जहाँ कहीं कमजोर गुहारे

दासों की जंजीर पुकारे
वहीं जवाहरलाल हमारे
सकल गुलामों की स्वतन्त्रता के अवतार जवाहरलाल
तीर मिले, मँझधार बुलाए, तारनहार जवाहरलाल

गांधी के इस चेले को कोई कमजोर नहीं समझे
भारत की जनता को कोई कच्ची डोर नहीं समझे
ओ बम्बार उड़ाने वालो
भाई बन्धु लड़ाने वालो
बोझ शान्ति पर और न डालो
कहीं अहिंसा छोड़ न बैठें जी लाचार जवाहरलाल
तीर मिले, मँझधार बुलाए, तारनहार जवाहरलाल

अब न रहा वह देश नरेशों, साधू-साँप-मदारी का
बहा रहा श्रमकण का कंचन, अब यह स्वर्ग भिखारी का
धूप न देखो, छाँव न देखो
मंजिल देखा, पाँव न देखो
भारत देखा, गाँव न देखो
नए राष्ट्र की आज रवानी की रफ्तार जवाहरलाल
तीर मिले, मँझधार बुलाए, तारनहार जवाहरलाल

कोटि-कोटि जनता के सुख-दुख की झनकार जवाहरलाल
सेवक स्वामी साथी सेनापति सरकार जवाहरलाल
अगर श्याम की सच्ची गीता
अगर सत्य का समय न बीता
अगर पुण्य हो अमृत पीता
पुण्यभूमि भारत में आएँ बारम्बार जवाहरलाल
तीर मिले, मँझधार बुलाए, तारनहार जवाहरलाल।

[नवम्बर, 1959]

मेरा धन है स्वाधीन कलम

मेरा धन है स्वाधीन कलम
राजा बैठे सिंहासन पर, यह ताजों का आसीन कलम
जिसने तलवार शिवा को दी
रोशनी उधार दिवा को दी
पतवार थमा दी लहरों को
खंजर की धार हवा को दी
अग-जग के उसी विधाता ने, कर दी मेरे आधीन कलम
रस-गंगा लहरा देती है
मस्ती-ध्वज फहरा देती है
चालीस करोड़ों की भोली
किस्मत पर पहरा देती है
संग्राम-क्रान्ति का बिगुल यही है, यही प्यार की बीन कलम
कोई जनता को क्या लूटे
कोई दुखियों पर क्या टूटे
कोई भी लाख प्रचार करे
सच्चा बनकर झूठे-झूठे
अनमोल सत्य का रत्नहार, लाती चोरी से छीन कलम
तुलसी चन्दा तो सूर-सूर
केशव से तारे दूर-दूर
बाकी है जुगनू, मैं तो बस
जागरण पक्ष में चूर-चूर
रवि लानेवाला दीपक हूँ, मेरी लौ में लवलीन कलम
बस मेरे पास हृदय-भर है
यह भी जग को न्योछावर है
लिखता हूँ तो मेरे आगे
सारा ब्रह्मांड विषय-भर है
रँगती चलती संसार-पटी, यह सपनों की रंगीन कलम
लिखता हूँ अपनी मर्जी से
बचता हूँ कैंची - दर्जी से

आदत न रही कुछ लिखने की
निन्दा-वन्दन खुदगर्जी से
कोई छेड़े तो तन जाती, बन जाती है संगीन कलम
मत पूछो छलने वालों से
कतराओ जलने वालों से
पूछो जनता से और सही
राहों पर चलने वालों से
क्या और किसी की है ऐसी, इठलाती हुई हसीन कलम
फूलों जैसा हर मुखड़ा है
हर शब्द हृदय का टुकड़ा है
छूकर यह कलम, तराना बन
जाता हर दिल का दुखड़ा है
मुस्कान रचाती आँसू में, गम में डूबी गमगीन कलम
लेकर रंगीनी की बहार
इठलाते चलते अलंकार
हर दर्द बना देता कवि को
सब से मस्ताना गीतकार
नित नई कल्पना करती है, यह अनुभव की प्राचीन कलम
गैरों की कलम चिलम-जैसी
फैलाती घटा भरम-जैसी
नित धुआँ उड़ाती रहती है
पर मेरे पास कलम ऐसी
उड़ने को उड़ जाए नभ में, पर छोड़ें नहीं जमीन कलम
ओ आलोचक, विष घोल नहीं
साहित्य समझ, सुन, बोल नहीं
रँगरूटों से कह दे कोई
मन्दिर में पीटे ढोल नहीं
तू दलबन्दी पर मरे, यहाँ लिखने में है तल्लीन कलम
तुझ-सा लहरों में वह लेता
तो मैं भी सत्ता गह लेता
ईमान बेंचता चलता तो

मैं भी महलों में रह लेता
हर दिल पर झुकती चली मगर, आँसू वाली नमकीन कलम
मेरा धन है स्वाधीन कलम।

[जनवरी, 1963]

इतिहास बदलनेवाले हैं

हम धरती क्या, आकाश बदलनेवाले हैं
हम तो कवि हैं, इतिहास बदलनेवाले हैं

हर क्रान्ति कलम से शुरू हुई सम्पूर्ण हुई
चट्टान जुल्म की, कलम चली तो चूर्ण हुई
हम कलम चला कर त्रास बदलनेवाले हैं
हम तो कवि हैं, इतिहास बदलनेवाले हैं

जब-जब जनता पर दुख की बदली छाई है
तब-तब हमने विप्लव-बिजली चमकाई है
मानवता का परिहास बदलनेवाले हैं
हम तो कवि हैं, इतिहास बदलनेवाले हैं

पहले हमने गुन राम-श्याम का गाया था
विरही मन का, बादल को दूत बनाया था
अब कुटियों का चौमास बदलनेवाले हैं
हम तो कवि हैं, इतिहास बदलनेवाले हैं

हो जीवन पर न अमीरों का एकाधिकार
इस गुलशन में चालीस करोड़ों की बहार
हम घर-घर का मधुमास बदलनेवाले हैं
हम तो कवि हैं, इतिहास बदलनेवाले हैं

तलवार हमारी है निर्भय आजाद-कलम
हम लड़ते आए जोर-जुल्म से जनम-जनम
हम निर्बल का संन्यास बदलनेवाले हैं
हम तो कवि हैं, इतिहास बदलनेवाले हैं

जो फूट निरन्तर खून देश का पीती है
उसको पी कर कविता की स्याही जीती है
हम हर दुश्मन की प्यास बदलनेवाले हैं
हम तो कवि हैं, इतिहास बदलनेवाले हैं

पन्द्रह अगस्त के दिन थी जिस की नींव पड़ी
उस प्रजातन्त्र की रखवारी में कलम खड़ी
ना मानो तो विश्वास बदलनेवाले हैं
हम तो कवि हैं, इतिहास बदलनेवाले हैं

ओ महल, कुटी की ओर मचल जा घूम कर
ओ कुटी, महल की ओर उछल जा झूम कर
हम धरती का विन्यास बदलनेवाले हैं
हम तो कवि हैं, इतिहास बदलनेवाले हैं।

[मार्च, 1962]

मनुष्य की समानता

मनुष्य माँगता यही, यही मनुष्य मानता
कि हो समाज-राज में मनुष्य की समानता

स्वतन्त्रता मिली हमें कि देश में सुराज हो
मनुष्य एक आज हो कि वर्ग एक आज हो
समाज के लिए समाज का अखंड राज हो
मनुष्य माँगता यही, यही मनुष्य मानता
कि हो समाज-राज में मनुष्य की समानता

अशान्ति है कि क्रान्ति की नवीन आग चाहिए
स्वराज्य के विधान में नवीन राग चाहिए
कि अर्थ का जमीन का समान भाग चाहिए
समाज पर कभी रहे न व्यक्ति की प्रधानता
मनुष्य माँगता यही, यही मनुष्य मानता
कि हो समाज-राज में मनुष्य की समानता

मकान हो, मनुष्य पाँव तो पसार रह सके
कि वस्त्र हो तो जिन्दगी सजा-सँवार रह सके
स्वतन्त्रता रहे कि दर्द लिख सके कि कह सके
विधान हो कि राज भी कभी नहीं सके सता
मनुष्य माँगता यही, यही मनुष्य मानता
कि हो समाज-राज में मनुष्य की समानता

अलग-अलग पुकार हो न व्यक्ति-व्यक्ति के लिए
कि व्यक्ति हो सदा यहाँ समाज-शक्ति के लिए
कि जन्म-भर लगा रहे स्वदेश-भक्ति के लिए
मनुष्य माँगता यही, यही मनुष्य मानता
कि हो समाज-राज में मनुष्य की समानता।

[सितम्बर, 1947]

मनुष्य तोड़ता चला

मनुष्य तोड़ता चला, मनुष्य तोड़ता चला
निवास में प्रवास में
तमिस्र में प्रकाश में
कि मार्ग के निकास में
समृद्धि के विकास में
बँधे हजार शृंखला, मनुष्य तोड़ता चला

घिसी मलीन रीतियाँ
अनीतिपूर्ण नीतियाँ
कुरीतियाँ - सुरीतियाँ
असत्य की प्रतीतियाँ
कि जो न कर सकीं भला, मनुष्य तोड़ता चला

कि धर्म का प्रचार हो
कि पुण्य का विचार हो
कि पाप का प्रचार हो
कि सार हो असार हो
दबा जहाँ कहीं गला, मनुष्य तोड़ता चला

मनुष्य देवता नहीं
मनुष्य दैत्य भी नहीं
मनुष्य बस मनुष्य है
मनुष्य चाहता यही
बची रहे जहान में
मनुष्य की स्वतन्त्रता
अगर न बात यह रही
डगर भिली नहीं सही
हजार फिर रिवाज हो
कि जाति हो समाज हो
कि राज हो स्वराज हो
कि हुक्म तख्त ताज हो
अगर कहीं जिगर जला, कि दिल-दिमाग को खला
मनुष्य तोड़ता चला, मनुष्य तोड़ता चला।

[सितम्बर, 1958]

नजर है नई तो नजारे पुराने

नई रोशनी को मिले राह कैसे
नजर है नई तो नजारे पुराने
नई शाम है तो धुँधलका पुराना
नई रात है तो सितारे पुराने
बसाएँ कहाँ घर नई जिन्दगी का
लगाएँ पता क्या नई मंजिलों का
खिवैया तुम्हारी बँधी खाड़ियों में
लहर है नई तो किनारे पुराने

इधर ठोकरों पर पड़ी है जवानी
उधर सिर उठाए खड़ी राजधानी
महल में पुराने दिए जल रहे हैं
रुकी जा रही है नए की रवानी
बुलाकर नए को शरण कौन देगा
जमे हैं दुआरे-दुआरे पुराने
नई रोशनी को मिले राह कैसे
नजर है नई तो नजारे पुराने

चले मंजिलों को मशालें लिए जो
अँधेरे-अँधेरे पहुँच तो गए वो
सवेरा हुआ तो नई रोशनी में
सभी भूल बैठे कुटी के दिये को
नई चाँदनी की दुहाई मचाई
मगर छा गए मेघ कारे पुराने
नई रोशनी को मिले राह कैसे
नजर है नई तो नजारे पुराने

सदा काम लेकर पुरानी नजर से
चले जा रहे हैं पुरानी डगर से

मगर यह न सोचें कि कबतक चलेगी
नई जिन्दगानी पुरानी उमर से
बताते भी क्योंकर नई राह हमको
पुराने नयन के इशारे पुराने
नई रोशनी को मिले राह कैसे
नजर है नई तो नजारे पुराने

वही सूत-चर्खा, वही वस्त्र खादी
करें बात अपनी, रटें रोज गांधी
यहाँ बैलगाड़ी कि छत भी न जिसकी
वहाँ भाइयों ने स्पुतनिक उड़ा दी
दिखाते रहे वे नए स्वप्न हमको
गए रूप कहकर सिंगार पुराने
नई रोशनी को मिले राह कैसे
नजर है नई तो नजारे पुराने

हमें कौन समझे कि क्या माँगते हैं
मगर यह विनोबा, दया माँगते हैं
इधर बाँटते हैं, उधर भीख लेकर
भले आदमी से हया माँगते हैं
चले दुख मिटाने नए वैद्यजी तो
नए दर्द कहकर उभारे पुराने
नई रोशनी को मिले राह कैसे
नजर है नई तो नजारे पुराने

खबर है कि बादल, समर के घिरेंगे
कि गोले हमारे चमन पर गिरेंगे
उधर युद्ध पर है उतारु पड़ोसी
इधर भंग-गाँजा पकड़ते फिरेंगे
कहीं नींद में ही लुटा घर न बैठें

नई रोशनी को मिले राह कैसे
नजर है नई तो नजारे पुराने

कि इतिहास जाने हमारी गुलामी
अहिंसा के कारण पधारी गुलामी
यही फैसला था हमारे करम का
अहिंसा के करते, सिधारी गुलामी
कि काँटे से काँटा भिड़ाकर नियति ने
वही पाप अबकी सुधारे पुराने
नई रोशनी को मिले राह कैसे
नजर है नई तो नजारे पुराने

समझ में न आता कि क्या है तराना
कि तन है पुराना कि मन है पुराना
कि अंग्रेजियत में रमे खुद जनम-भर
कहें और से ग रे शास्त्रीय गाना
जिन्हें कामना है नई जिन्दगी की
उन्हें दे रहे हैं सहारे पुराने
नई रोशनी को मिले राह कैसे
नजर है नई तो नजारे पुराने

कभी कटघरे से निकलकर तो देखो
कि दलदल से दलके उछल कर तो देखो
मुहल्ले से बाहर, गली और भी है
जरा मस्तियों में, मचलकर तो देखो
झरोखे हुए अब, तुम्हारे पुराने
नई रोशनी को मिले राह कैसे
नजर है नई तो नजारे पुराने

हुआ देश खातिर, जनम है हमारा
कि कवि है, तड़पना करम है हमारा

कि कमजोर पाकर मिटा दे न कोई
इसी से जगाना धरम है हमारा
कि मानें न मानें, हमें आप अपना
सितम से हैं नाते हमारे पुराने
नई रोशनी को मिले राह कैसे
नजर है नई तो नजारे पुराने।

[जुलाई, 1957]

चाँदनी में झोपड़ी

जब चन्द्र-किरण में महलों की दीवार चमकती रहती है
झोपड़ियों से चाँदनी लिपट, भर रात सिसकती रहती है

जब चाँद चमकता है नभ में
पत्थर भी सुषमा पाता है
गोरे हो जाते हैं बादल
पानी दर्पण बन जाता है
सिर पर चाँदी का घड़ा लिए, हर लहर लचकती रहती है
झोपड़ियों से चाँदनी लिपट, भर रात सिसकती रहती है

बादल में चाँद निकलता है
गलियों में हृदय उछलता है
मरघट के दिन फिर आते हैं
खँडहर भी वस्त्र बदलता है
हर काया फूल बनी फिरती, हर साँस महकती रहती है
झोपड़ियों से चाँदनी लिपट, भर रात सिसकती रहती है

नगरों में मस्त गली-कूचे
सब के छज्जे ऊँचे-ऊँचे
फिर कौन बिना खिड़की आँगन
के मिट्टी के घर को पूछे

नृत्यालय, छविघर, घर-घर में, सभ्यता चहकती रहती है
झोपड़ियों से चाँदनी लिपट, भर रात सिसकती रहती है

शशि का कालिख मुँह का धब्बा
धरती का कालिख निर्धनता
संसार यहीं रुक जाता है
बस स्वर्ग सदा बनता-बनता
नित स्वर्ग कल्पना के पथ में, हर कुटी खटकती रहती है
झोपड़ियों से चाँदनी लिपट, भर रात सिसकती रहती है

चाँदनी लगी कहने, कैसे
मैं झोपड़ियों को महल करूँ
जल-थल में चमकूँ पर कैसे
कुटियों के अन्दर दीप धरूँ
हँसने को हँसती हूँ मन में, यह पीर कसकती रहती है
झोपड़ियों से चाँदनी लिपट, भर रात सिसकती रहती है

यह भूल हुई उस शशिधर से
तम जिससे दूर किया न गया
बिन रजनी दिवस रचा न गया
बिन मारे जन्म दिया न गया
वह निर्मोही छुपता फिरता, सिर धरा पटकती रहती है
झोपड़ियों से चाँदनी लिपट, भर रात सिसकती रहती है

इतना बल तो मानव में भी
पर उसे मनाना मुश्किल है
है आज धरा का स्वामी, पर
उसका दुश्मन उसका दिल है
हिचकी लेते रहते निर्धन, सम्पदा हिचकती रहती है
झोपड़ियों से चाँदनी लिपट, भर रात सिसकती रहती है

जग में बहुमत है निर्धन का
पर उस पर जग का शासन है
वह अपना राजमुकुट माँगे
तो मर्यादा की उलझन है
फिर मर्यादा को तोड़ो तो, तलवार लटकती रहती है
झोपड़ियों से चाँदनी लिपट, भर रात सिसकती रहती है

जग देखे 'ताज' चाँदनी में
कुटियों का दीप नहीं देखे
जो झूठी शान्ति सदा देखे
वह क्रान्ति समीप नहीं देखे
अनदेखे ही, अनजाने ही, यह लपट लपकती रहती है
झोपड़ियों से चाँदनी लिपट, भर रात सिसकती रहती है।

[सितम्बर, 1958]

चल रहा है आदमी

जल रही है जिन्दगी, देह की मशाल है
चल रहा है आदमी, साँझ लाल-लाल है
भोर को गुलाल है

यह वही गली जहाँ डोलियाँ लचक चलीं
ताज-तख्त छोड़कर टोलियाँ खिसक चलीं
डोलियाँ निहार कर अर्थियाँ सिसक चलीं
मौत है तो है, किसे बाद का खयाल है
चल रहा है आदमी, साँझ लाल-लाल है
भोर को गुलाल है

लोग देखते रहे, लाश देखती रही
देह राख बन गई, साँस देखती रही

रूप के स्वरूप को प्यास देखती रही
आँसुओं से तर यहाँ, प्यास का रुमाल है
चल रहा है आदमी, साँझ लाल-लाल है
भोर को गुलाल है

एक दीप बुझ गया, दूसरा खड़ा हुआ
दूसरे को तीसरा, आन पर चढ़ा हुआ
मंजिलों के पास है, हर कदम बढ़ा हुआ
बढ़ रहा हुजूम है, बादलों की चाल है
चल रहा है आदमी, साँझ लाल-लाल है
भोर को गुलाल है

जिन्दगी की दौड़ में, जो गिरे, गिरे रहे
मोड़ पर पड़ाव के, जो फिरे, फिरे रहे
या दरो-दिवार से, जो घिरे, घिरे रहे
कारवाँ चला गया, वक्त का सवाल है
चल रहा है आदमी, साँझ लाल-लाल है
भोर को गुलाल है

आदमी ने झूम के उम्र यों निकाल दी
मौत के मजार पर जिन्दगी उछाल दी
मर गया तो और के हाथ में मशाल दी
हम मरे कि तुम मरे, कुछ नहीं मलाल है
चल रहा है आदमी, साँझ लाल-लाल है
भोर को गुलाल है

साथ अन्धकार के चल रहे चिराग हैं
मौत को गली-गली छल रहे चिराग हैं
आदमी की शक्ल में, जल रहे चिराग हैं
जल रहे चिराग हैं, जिन्दगी निहाल है

चल रहा है आदमी, साँझ लाल-लाल है
भोर को गुलाल है

वक्त है न है जगह, यह हिसाब के लिए
उठ रहा सवाल है बस जवाब के लिए
आदमी तड़प रहा, इंकलाब के लिए
खून है इसीलिए, इसलिए उबाल है
चल रहा है आदमी, साँझ लाल-लाल है
भोर को गुलाल है।

[अप्रैल, 1956]

मुस्कान पुरानी कहाँ हुई

कहते-कहते उठ गए तुम्हीं, सम्पूर्ण कहानी कहाँ हुई
लोगों के आँसू कब सूखे, मुस्कान पुरानी कहाँ हुई

पहले की तरह वसन्त यहाँ, हर साल हँसाने आता है
जाने किसलिए तुम्हारा तो मन दिशा बदलता जाता है
तुम छोड़ गए अपनी गलियाँ, हमसे मनमानी कहाँ हुई
लोगों के आँसू कब सूखे, मुस्कान पुरानी कहाँ हुई

माना, दुनिया में सदियों का यह हिन्दुस्तान पुराना है
इस पर हमको न झगड़ना है, तुमको भी जी न चुराना है
जो प्रीति पुरानों को भूले, वह हिन्दुस्तानी कहाँ हुई
लोगों के आँसू कब सूखे, मुस्कान पुरानी कहाँ हुई

हर शाम लखनऊ हँसता है, हर सुबह बनारस बसता है
कहते हैं हिन्द जिसे, उसको सारा संसार तरसता है

तुम नहीं जवान रहे न सही, वीरान जवानी कहाँ हुई
लोगों के आँसू कब सूखे, मुस्कान पुरानी कहाँ हुई

यह गीतों का है देश जहाँ चरवाहा बिरहा गाता है
सुख हो, दुख हो, सौन्दर्य यहाँ गीतों में गाया जाता है
कवि से पहले जब गीत मरा, तो अमर निशानी कहाँ हुई
लोगों के आँसू कब सूखे, मुस्कान पुरानी कहाँ हुई

यमुना का हाथ पकड़ गंगा तीरों से रोज निकलती है
झुरमुट-झुरमुट में गाँव बसे, चिड़ियों-सी नैया चलती है
ये अपने हैं, तुम अपने हो, फिर आनाकानी कहाँ हुई
लोगों के आँसू कब सूखे, मुस्कान पुरानी कहाँ हुई

बादल सन्देश लिए चलते, संगीत बरसता रिमझिम में
पूरब से चलती पुरवैया, रसधार छलकती पश्चिम में
हर देश घिरें घन, पर पावस ऋतुओं की रानी कहाँ हुई
लोगों के आँसू कब सूखे, मुस्कान पुरानी कहाँ हुई

सिर उठा, हिमालय हो जाए, ठोकर मारे, सागर छलके
उसके आँगन में कविता के फिर दीप बुझे कब जल-जल के
लिक्खे जाओ भारती अभी तो पानी-पानी कहाँ हुई
लोगों के आँसू कब सूखे, मुस्कान पुरानी कहाँ हुई

जनता के मन में सुख-दुख है, जो आशा और निराशा है
कविता के तत्त्व यही हैं जी, जग को तुमसे कुछ आशा है
रग-रग का रंग बिना झिड़के, रंगीन रवानी कहाँ हुई
लोगों के आँसू कब सूखे, मुस्कान पुरानी कहाँ हुई

इतने पर भी जब दर्द न हो, मस्ती न मिले, जियरा न जले
कविता न कलम से फूट चले, तो बेहतर है अर्थी निकले

गूँगे ही मरने वालों पर जग को हैरानी कहाँ हुई
लोगों के आँसू कब सूखे, मुस्कान पुरानी कहाँ हुई

हर मानव जो पथ पर मिलता, इक दिल है उसके सीने में
उसका मरना है एक कथा, कविता है उसके जीने में
पर तुम्हें कहीं कविता न मिली, इतनी नादानी कहाँ हुई
लोगों के आँसू कब सूखे, मुस्कान पुरानी कहाँ हुई।

[जुलाई, 1954]

नई उमरिया प्यासी है

घनश्याम कहाँ जाकर बरसे, हर घाट गगरिया प्यासी है
उस ओर ग्राम इस ओर नगर, चहुँ ओर नजरिया प्यासी है

रस भरी तुम्हारी वे बुंदियाँ, कुछ यहाँ गिरीं, कुछ वहाँ गिरीं,
दिल खोल नहाए महल-महल, कुटिया क्या जाने, कहाँ गिरीं
इस मस्त झड़ी में घासों की, कमजोर अटरिया प्यासी है
घनश्याम कहाँ जाकर बरसे, हर घाट गगरिया प्यासी है

जंजीर कभी तड़का-तड़का, तकदीर जगाई थी हमने
इस बार बदलते मौसम पर, उम्मीद लगाई थी हमने
जंजीर कटी, तकदीर खुली, पर अभी नगरिया प्यासी है
घनश्याम कहाँ जाकर बरसे, हर घाट गगरिया प्यासी है

धरती प्यासी परती प्यासी, प्यासी है आस-लगी खेती
जब ताल-तलैया भी सूखीं, क्या पाए प्यास-लगी रेती
बागों की चर्चा कौन करे, जब यहाँ डगरिया प्यासी है
घनश्याम कहाँ जाकर बरसे, हर घाट गगरिया प्यासी है

मुस्लिम के होंठ कहीं प्यासे, हिन्दू का कंठ कहीं प्यासा
मन्दिर-मस्जिद गुरुद्वारा में, बतला दो कौन नहीं प्यासा
चल रही चुराई हुई हँसी, पर सकल बजरिया प्यासी है
घनश्याम कहाँ जाकर बरसे, हर घाट गगरिया प्यासी है

बोलो तो श्याम घटाओं ने अबकी कैसा चौमास रचा
पानी कहने को थोड़ा-सा गंगा-यमुना के पास बचा
इस पार तरसती है गैया, उस पर गुजरिया प्यासी है
घनश्याम कहाँ जाकर बरसे, हर घाट गगरिया प्यासी है

जो अभी पधारे हैं उनका, सुनहरा सवेरा प्यासा है
जो कल जानेवाले उनका भी रैन-बसेरा प्यासा है
है भरी जवानी जिन-जिनकी, उनकी दुपहरिया प्यासी है
घनश्याम कहाँ जाकर बरसे, हर घाट गगरिया प्यासी है

कहने को बादल बरस रहे, सदियों के प्यासे तरस रहे
ऐसे बेदर्द जमाने में, क्या मधुर रहे, क्या सरस रहे
कैसे दिन ये, पानी में भी, हर एक मछरिया प्यासी है
घनश्याम कहाँ जाकर बरसे, हर घाट गगरिया प्यासी है

वह पीर समझने को तुम भी, घनश्याम कभी प्यासे तरसो
या तो ना बरसो, बरसो तो, चालीस करोड़ों पर बरसो
क्या मौसम है, जल छलक रहा, पर नई उमरिया प्यासी है
घनश्याम कहाँ जाकर बरसे, हर घाट गगरिया प्यासी है।

[जनवरी, 1961]

यहाँ शहीद समय का ज्ञानी

कहने को सम्राट बड़ा है, और सुखी धनवान है
सबसे बड़ा वही है जग में, जो होता बलिदान है

पाकर जनम यहाँ जो रहता, दो दिन तड़के जोड़कर
आज नहीं तो कल चल देगा, दुनिया से मुख मोड़कर
भेंट चढ़ा दे जो तन-मन की, सच्चा उसका ज्ञान है
सबसे बड़ा वही है जग में, जो होता बलिदान है

इस जग में हर चंचल मानव, अपना ही घर भरता है
जीता है अपनों की खातिर, अपनों पर ही मरता है
जो औरों के लिए उजड़ता, जग में उसका मान है
सबसे बड़ा वही है जग में, जो होता बलिदान है

श्रद्धा है वरदान भक्ति का, सुन्दर त्याग तपस्या है
अपनी धुन पर मर-मिट जाना, सबसे कठिन समस्या है
यही समस्या जो हल कर ले, उसका ही जयगान है
सबसे बड़ा वही है जग में, जो होता बलिदान है

मरने की धुन वह मस्ती है, जो ताजों को ठोकर दे
घनी-अँधेरी रातों को भी, जो झिलमिल पूनम कर दे
नस-नस में है आग लगी, तो होंठों पर मुस्कान है
सबसे बड़ा वही है जग में, जो होता बलिदान है

जिनको सुख प्यारा है जग में, वे करते हैं प्रार्थना
जो चाहें ऐश्वर्य, करें वे, मन्दिर-मन्दिर अर्चना
किन्तु शहीदों को मरना ही, धर्म-भजन है, ध्यान है
सबसे बड़ा वही है जग में, जो होता बलिदान है

जो चाहे, मैं बनूँ पुजारी, वह पूजे भगवान को
जो चाहे कि बनूँ संन्यासी, छोड़े सकल जहान को
जो चाहे, शंकर बन जाऊँ, वह करता विष-पान है
सबसे बड़ा वही है जग में, जो होता बलिदान है

एक हुए ईसा-मसीह जो, हँसते-हँसते मर गए
अपनी जीवन-दीप बुझाकर, विश्व उजाला कर गए

उनका प्यारा बन मजहब, अबतक उड़ रहा निशान है
सबसे बड़ा वही है जग में, जो होता बलिदान है

दिया भरा प्याला विष का तो, पगली मीरा पी गई
मर-मिट गए पिलाने वाले, वह मर की भी जी गई
आज उसी के रंग से होती, भक्तों की पहचान है
सबसे बड़ा वही है जग में, जो होता बलिदान है

भक्त रिझाते रहे राम को, लेकर धन की झोलियाँ
गांधी हुए राम को प्यारे, खा सीने पर गोलियाँ
उनके यश की अमर पताका, जग में हिन्दुस्तान है
सबसे बड़ा वही है जग में, जो होता बलिदान है

पुण्य सताया जाय जगत में, पाप सताया जाएगा
पर बलिदान सदा दुनिया को, राह बताता जाएगा
यहाँ शहीद समय का ज्ञानी, पापी जग नादान है
सबसे बड़ा वही है जग में, जो होता बलिदान है।

[अक्तूबर, 1962]

भारत अखंड, भारत विशाल

उत्तर में है :

धवल हिमांचल
निर्झर चंचल
गंगा का जल
यमुना का जल
गौरी शंकर
खड़ा धरा पर

अपने सिर पर
विश्व-मुकुट धर
है चँवर डुलाती मेघ-माल
भारत अखंड, भारत विशाल

दक्षिण में है :

भारत - पद - तल
नील जलोत्पल
लंका का जल
लंका का स्थल
शुद्ध चरण-जल
हरता कलिमल
निशिदिन पल-पल
संसार झुकाता, जिसे भाल
भारत अखंड, भारत विशाल

पूर्व दिशा में :

ब्रह्मा प्रान्तर
कानन सुन्दर
प्रातः उठ कर
हँसे दिवाकर
मित्र बन्धुवर
खड़ा द्वार पर
उस से मिल कर
भुज-बन्धन भर
युग-युग से जग में है निहाल
भारत अखंड, भारत विशाल

पश्चिम में है :

सिन्धु सुमंगल
स्निग्ध सिन्धु-जल
करता छल-छल

भरता कल-कल
जहाँ दिवाकर
आता थक कर
जाता पी कर
जल अंजलि भर
हो उठता आनन लाल-लाल
भारत अखंड, भारत विशाल

भीतर आँगन :

भरा फूल से
स्वर्ण-धूल से
नदी-कूल से
वन-दुकूल से
जहाँ राम थे
मधुर श्याम थे
पूर्ण काम थे
शक्ति-धाम थे
डरता था जिन से महाकाल
भारत अखंड, भारत विशाल

ऊपर नभ में :

नील गगन-तल
उड़ते बादल
रवि-शशि उज्ज्वल
है तारक-दल
नीली चादर
फहरे उड़ कर
गिरि-वन-तरु पर
सूखे मरु पर
फैला दिशि-दिश सौन्दर्य जाल
भारत अखंड, भारत विशाल

भारतवासी :

जहाँ कोटि जन
जिन का जीवन
जिन का यौवन
जिन का तन-मन
सब न्यौछावर
स्वतन्त्रता पर
बैठे घर पर
दिये जला कर
वन्दन करते हैं वृद्ध-बाल
भारत अखंड, भारत विशाल

पुण्यभूमि यह :

मातृभूमि है
पितृभूमि है
समर भूमि है
अमर भूमि है
जिसका कण-कण
जिसका क्षण-क्षण
जिसका जन-गण
जग को अर्पण
दृढ़व्रती सदा से नौनिहाल
भारत अखंड, भारत विशाल।

[दिसम्बर, 1960]

('हिमालय ने पुकारा' 1963 से)